本を書く技術

取材・構成・表現

石井光太

文藝春秋

はじめに

書きたい人のための時代

日本では出版不況が叫ばれる一方で、文筆業で生計を立てたい、あるいは副業にしたいという人が増加しているように思う。

雑誌など印刷物としてのメディアの数が減った代わりに、近年はブログやnoteのような個人メディアで自伝、日記、批評、小説など多様な文章が発表されるようになった。マスメディアがオンラインで配信する記事の他にも、大企業から中小企業までがこぞって自社のオウンドメディアを持つようになり、WEBライターの需要も高まっている。

おそらく、こうしたメディアの書き手の多くが、いずれは文章を収益化し、自分の名前で書籍を出版したいと考えているはずだ。

しかし、こういう人が10人いたとして、9人は具体的にどうやっていいかわからず、立ち止まっているのが現状だと思う。

それは、文章は誰でも手軽に書けるぶん、プロとアマチュアの技術的な違いがあまり認識されていないからだろう。主な要因は、**本を書くために必要なテクニックを学ぶ機会が非常に少ない**ことにある。

音楽だって、デザインだって、もしプロとして一定の収入を継続的に得たいのなら、専門の教室や学校に通って徹底的に基本技術を身につけるものだ。だが、こと文筆業に関しては、そうしたことを体系立てて学ぶ場がほとんどない。

たとえば、ノンフィクションを書くことにおいて文章のリアリティを増すには何をどう描写すればいいのかといった質問に、どれだけの人が適切に即答できるだろうか。

私はノンフィクションを主戦場とした専業作家として活動してきた約20年の間に、約70冊の本を刊行してきた。紀行、事件、災害、歴史、医療、教育などテーマは多岐にわたり、小説や児童書や漫画原作も数多く手掛けている。

そうしたこともあって、15年前から朝日カルチャーセンター新宿教室からの依頼で「ノンフィクション講座」の講師を担当してきた。ここでいうノンフィクションとは、フィクション以外の散文全般――ルポルタージュ、評伝、エッセイ、記事などを指す。そこで講じてきたのは、事実をどのように取材し、いかに「伝わる」表現にするかというプロとしての方法論だ。

近年、私が取り組んでいるテーマに「国語力」がある。国語力とは、語彙をベースとして、情緒力、想像力、論理的思考力を磨き上げた全人的な力のことだ。豊富な語彙を操れるからこそ、己の感情を細かく表現する、他者の気持ちを想像する、物事の因果関係を正確に把握するといったことが可能になる。

カルチャーセンターで私が出会う、本気で書きたいと思っている人たちは、相応の国語力を有している。一定程度以上の読書量があり、世の中への好奇心が強く、やりたいことの大枠が決まっている。おおよそ本書の読者も同じだろう。

だが、それなりの国語力を有していることと、本を執筆することとの間には大きなギャップがある。２００ページ以上に及ぶテキストに読者を没入させ、一生心に残るような感動を味わわせるには、プロとしてのテクニックを駆使する必要があるのだ。

本書は、ＷＥＢで多少の文章は書いているという人たちが、一冊の商業出版に堪えうる本の原稿をどう生み出したらよいのか――そのギャップを埋めることに主眼を置いている。

出版社が刊行する意義があると認め、読者に人生観を変えるほどの衝撃を与える作品を書くには、**取材力、構成力、表現力の三要素が必要になる**のである。

ノンフィクションの基本法則

そもそもノンフィクションは、文芸作品の一つだと私はとらえている。文芸とは「言語を用いて作られる芸術」の意だ。文章芸術としての作品である以上、本は読者の深い感情や知的好奇心を揺さぶるだけの力を備えていなければならない。

ノンフィクションが、レポート（報告書）と異なるのは、どのような点だろう。一言で表せば、そこに感情や知的好奇心を刺激する作用を起こす〝**ストーリーによる意味の変化**〟があるかどうかだ。

レポートの役割は「○○がありました」という事象や数値的データの報告だ。特定の情報をテキストにして、正確に伝達するだけのものである。

一方で、ノンフィクションには「○○が△△をして××になりました」と事象の流れと変化を示す内容が含まれていなければならない。これがストーリーによる意味の変化だ。

公式のように基本法則を示すと次のようになる。


〈事実⬇体験⬇意味の変化〉


ある事象に対して、著者、もしくは登場人物の体験（行動）をつみ重ねることで、別の意味が立ち上がるということである。

たとえば、公園を舞台に文章を書こうとしたとしよう。その公園の地面には、1本の空き缶が転がっていた。

もし書き手が「公園に1本の空き缶がありました」と書いただけでは、レポートにしかな

図1　ノンフィクションの基本法則

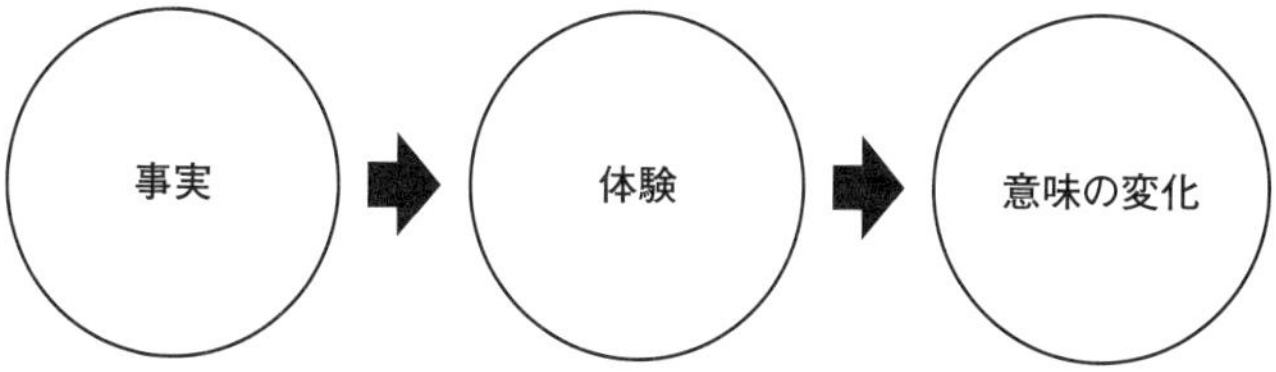

必ずストーリーによる意味の変化が伴う

らない。事象の報告にすぎないからだ。

では、ノンフィクションとして描くにはどうすればいいのだろう。この空き缶に、何かしらの体験や意識を重ねて、それを別の意味に変換させる必要がある。例を示そう。

1　公園に空き缶が転がっていた。私は遊び場にゴミが捨てられていることに憤慨した。不衛生だし、怪我のもとだ。

2　そこに難病の小学生の兄と、健康な弟がやってきた。兄はどうやら明日から入院するらしい。空き缶を見つけた兄弟は、「入院前に少しだけ遊ぼう」と缶蹴りをした。２人はとても楽しそうだった。

3　兄弟が去り、空き缶だけが残った。私は、公園に空き缶があって良かった、と思った。

このような流れで書けば、一連の文章の中で空き缶に意味の変化が起きたことになる。

〈公園に捨てられた空き缶⬇難病の兄と弟との遊び⬇美しい思い出としての空き缶〉

最初はゴミに過ぎなかった空き缶が、兄弟の行動によって、かけがえのない思い出を生んだ遊具となる。このように意味の変化が生じることで、初めて空き缶を文章化したことの作品上の意義が生まれるのだ。

この法則は、短いエッセイでも、数千字の短編でも、一冊の本でも共通だ。ノンフィクションを書くというと、一見、事実をそのまま写し取る作業のように思いがちだが、このように事実の中から意味の変化がどこに生じているのかを見極めて、フォーカスしなければならない。

また、扱う題材が事実であるがゆえに、文章が破綻しやすくなることにも注意しなければならない。次の三つが罠になる。

・書き手は苦労して情報を集めたぶん、あれもこれもとたくさん盛り込みたくなる。
・書き手の熱い思いが主張となって前面に出すぎてしまう。
・書き手が自分の考えや体験を疑わずに書きつらね、自己中心的な文章になる。

文芸作品としてのノンフィクションは、あくまでもシンプルに読者の心を動かすものでなければならない。それなのに、余計な事実や体験を盛り込んだり、自分の主張を一方的に押し付けたりすれば、情報過多になって読者は内容をとらえづらくなるだろう。

逆にいえば、これらのことに留意して、先の法則に則って文章を尖らせ、ピンポイントで読者の心を射抜くのが文芸としてのテキストなのである。

国語力を表現力へ昇華させる

本書で示すのは、ノンフィクションを書く上で、どのようにテーマを見いだし、事実を調べ、文章を磨き上げ、一冊の本として構成するかについての実践的なテクニックだ。

私は大学を卒業して間もなく、一般企業には就職せずに、独力で海外を舞台にしたノンフィクションを書いて世に出た人間だ。だからといって、文章作法をすべて独学で身につけたわけではない。

日本大学芸術学部の文芸学科でプロの小説家から基礎を学び、毎週のように徹底的な批評を受けた。20代でデビューしてからは、何人もの叩き上げの雑誌記者から取材のノウハウを教え込まれ、敏腕の編集者からテーマや構成について厳しく指南を受け、校閲者によってゲラが鉛筆で真っ黒になるまで文章の瑕疵《かし》を指摘された。

広大な世界からテーマを見つけ、事実を掘り下げ、構成を決め、一冊丸ごと書き上げる技術は、一朝一夕に身につけられるものではない。かといって、本を出すのは、一握りの才能豊かな人の特権というわけでもない。

日本における年間の出版点数は約7万点とされている。誰もがポイントさえ押さえれば、商業ベースでの本の出版は実現可能なことなのだ。

ノンフィクションを書くに当たって必要な要素は次の三つだ。

1　独自の視点
2　構成力
3　普遍性

詳しいことは各章で述べていくが、これらをきちんと血肉化していると、作品の完成度は格段に高まる。カルチャーセンターの私の講座の受講生はそのようにして技術を高め、何人もの人がプロの作家、脚本家、編集者、ドキュメンタリー作家として羽ばたいていった。

先に本を書こうと思っている人は、一定レベルの国語力を備えていると述べたが、国語力はいわば表現にとってベースとなる力だ。スポーツ選手にとっての基礎体力のようなものだ。**国語力を土台に、この三つの要素のテクニックを会得した先に、読者の心を奪う優れた表現が生まれてくる。**

本書では、ノンフィクションを書くために必要とされるスキルを余すところなく伝えたい。

みなさんがその武器を手にし、国語力を十分に発揮することができれば、ブログやエッセイのような短文から長編作品まで、あらゆる散文を自由に書き上げられるようになるだろう。それは、目の前に別次元の新しい地平が広がることを意味している。

さらにいえば、ノンフィクションを書く技術は、社会の様々な場面でも活きてくるものだ。取材で初見の人から話を引き出す「聞く技術」、表現を魅力的に見せるための「構成力」、人の心を打つ「文章表現力」。これらを知っているのとそうでないのとでは、仕事の仕方からプライベートの対人関係までまったく違ってくるはずだ。

私が本書を通して手渡したいのは、〝書く力〟に宿る、そんな無限大の可能性なのである。

本を書く技術　目次

第5章 「構成力」で本は決まる
――型の力を借りよう

本を書く技術

取材・構成・表現

第1章

テーマの〝空白地帯〟を見つける

多彩な世界をどう切り取るか?

作品の命脈としてのテーマ

ノンフィクションで重要なのは、テーマの新規性である。小説でも映画でもあらゆる作品においてテーマは欠かせないものだが、ことにノンフィクションではテーマ設定のあり方が作品のレベルや売れ行きを大きく左右する。

たとえば小説では、テーマにさほど新しさがなくとも、書き手の表現力や構成力が桁違いにうまければ名作になりうるだろう。『伊豆の踊子』(川端康成)にせよ、『ノルウェイの森』(村上春樹)にせよ、『君の膵臓をたべたい』(住野よる)にせよ、男女の恋愛というテーマそのものに特別な新規性があるわけではない。これらの作品の質を高めているのは、著者の圧倒的な洞察力、構成力、表現力だ。

しかし、**ノンフィクション作品ではテーマがまず優先され、社会の常識を覆すような破壊力を持っていなければならない。**

2023年に大宅壮一ノンフィクション賞を初め多数の賞を受賞した『黒い海』(伊澤理江)という作品がある。著者の伊澤さんは、それまで一度も本を出したことのない新人だ。

この作品が取り上げているのは、2008年に千葉県沖で起きた中型漁船の事故である。当時は高波による転覆事故として処理されてきたものが、実は国家に揉み消された外国の軍隊が絡んだ国際事件ではないかという、誰も知らなかった疑惑をテーマにしている。著者の文体にさしたる特徴があるわけではないし、構成はほぼ取材の時系列に沿ったものだが、テーマの持つ意外性と衝撃性が作品のレベルを一気に押し上げている。

ノンフィクションは、いくら有名な作家が圧倒的な筆力で書こうとも、テーマに社会的な破壊力がなければ、作品としての価値は低い。逆にいえば、テーマがしっかりしていれば、無名の新人が正攻法で書いたものであっても、読んだ人々を震撼させ、社会に重大な問題を突きつける名作になりえる。

作家の沢木耕太郎さんは対談集『星をつなぐために』で、これを「**熱量**」という言葉で示している。熱量が大きければ大きいほど、多少書き手が未熟であっても、作品は成り立つのだ、と。これは、ノンフィクションにおいて文章力が不要だということではなく、テーマの重要度が極めて高いということだ。

そこでまず、熱量の大きなテーマを手にする必要があるわけだが、伊澤さんが見つけたような特ダネ級のテーマは、普通に生きていて一生に一度出会えるかどうかといった希少なものだ。毎度そういうものを見つけなければノンフィクションが書けないのならば、専業作家として何十年にもわたって継続的に作品を出していくことはできないだろう。

プロの書き手として生計を立てていきたいならば、毎回ホームラン級のテーマを血眼になって探すのではなく、よくあるテーマでも、そこに一工夫を加えることで新規性を付与することが重要だ。

一言で表せば、**〝大テーマ〟に対する自分なりの〝切り込み方〟を設定する**のである。

ここでいう大テーマとは、新聞やテレビで報道され、世間一般に関心を持たれるような事象だ。マスメディアは、企画を決める際に「時事性」と「社会性」を重要視し、その時に起こった社会性のある出来事をいち早く報じようとする。

その日行われたプロボクシングの試合で井上尚弥選手がチャンピオンになれば、選手本人に取材してその声を記事にする。電車の中で無差別殺傷事件が起これば、警察や被害者に話を聞いて事件を記事にするといった具合だ。

マスメディアで働く記者たちは会社が持つ信頼性をバックに、スピーディーかつ広範囲に情報を伝えることには長《た》けている。テレビなら無料で、新聞なら百数十円で世の中に流すことで、その情報が世間の耳目を集める。

これまで私が出会った、漠然と文章を書きたいと思っている人に「何を書きたいか」と聞くと、8割方はこのような大テーマが返ってくる。「井上尚弥の評伝を書きたい」とか「電車で起きた無差別殺傷事件について書きたい」といった具合だ。

常日頃、マスメディアの情報を浴びつづけている人が、こうした王道のテーマを思いつくのは仕方ないが、この発想にこそ落とし穴がある。

マスメディアのマンパワー、資金力、信頼性はとてつもなく大きく、彼らが総力を上げて取材をすれば、ペンペン草も生えない状態になる。フリーの書き手がそれと同じアプローチ、同じ視点、同じ取材をして太刀打ちできるだろうか。

常識的に考えれば、勝てる見込みはないに等しいし、そもそもマスメディアがすでに出している情報をなぞって本にしたところで、それを2000円前後払って本で読もうという人はほぼ皆無だ。

大テーマの〝空白地帯〟を見つける

ノンフィクションの書き手がやらなければならないのは、大テーマに対する、マスメディアとは異なるオリジナルな〝切り込み方〟を設定することだ。

切り込む角度を変えることで、大テーマの中にある空白地帯を見つけるのだ。まったく別の側面からテーマを掘っていくことで、正面からのアプローチではたどり着けない深遠なる世界を読者に提示するのである。

『怪物に出会った日』（森合正範）というノンフィクションがある。これは「怪物」とまで呼ばれる井上尚哉選手の強さの神髄を描いた作品だ。

この本が特徴的なのは、著者の森合さんが井上選手本人ではなく、彼と戦って敗れたボクサーたちにインタビューして本を書いている点だ。これまで記者会見で井上選手は幾度となく自分について語っているし、評論家もテレビや雑誌であらゆる言葉でそのことを述べてきた。マスメディアの井上選手の強さを示す報道は、それらの声を拾い上げたものであり、一般の人たちの認識はこれに基づいている。

だが、井上選手の実力を生きた言葉にできるのは、本当に本人や評論家なのだろうか。実際にリングの上で拳をぶつけ合い、リングに倒れ込んだ敗者たちこそ、井上選手のボクサーとしての神がかり的な実力を肌身でわかっているのではないか。

森合さんはそこに目をつけ、敗者の言葉をつみ重ねていくことで、これまで報じられてこなかった井上選手の別の強さを浮き彫りにしていく。これによって、本人や評論家が語るものとは違った、井上選手の真のモンスターとしての姿に光を当てることに成功しているのである。

また、『累犯障害者』（山本譲司）という作品がある。著者は元衆議院議員で、政治資金規正法違反で実刑判決を受けた人物だ。

テレビがニュース番組で刑務所の実態を報じる時、一般的には刑務所に許可を取って日々の日常を撮影し、受刑者たちのインタビューを流す。受刑者たちはみな規則に沿って生活をし、工場で働き、インタビューでは「犯罪を後悔している。更生して早く出所したい」と口を揃える。こうした報道を通して、人々はこれが刑務所の実態だと刷り込まれる。

ところが、山本さんは収監された刑務所の中で出会った受刑者の中に、少なからず知的障害者がいることを知る。彼らは生活能力に欠けており、一部の者たちは同じ受刑者に介護をしてもらわなければ生活もままならない。

山本さんはこの現実にショックを受け、なぜ彼らが罪を犯して刑務所に入ったのかを調べる。すると、障害のある人たちが、社会のセーフティーネットからこぼれ落ち、生きていくために犯罪をしたり、障害ゆえに犯罪の道に引き込まれてしまったりする現実が浮かび上がる。

犯罪の原因に知的障害があるのならば、彼らを刑務所に閉じ込めたからといって更生できるはずもなく、真に必要なのは福祉の支援だ。そのことに思い至った山本さんは、障害者が起こした事件を取材し、自らの体験に当てはめ、刑務所が必ずしも更生支援につながっていない実態を浮き彫りにする。これによって、読者はまったく知らなかった犯罪と更生を巡る社会問題を鋭く突き付けられるのである。

ここからわかるように、マスメディアが取り扱うような大テーマにも、どこにも報じられていない空白地帯がある。**未だ可視化されていない未踏の地を見つけて切り込んでいけば、正面から書くよりはるかに深い真実にたどり着くことができる。**ノンフィクションを書くとは、いわば〝ゲリラ戦〟を仕掛けるということなのである。

代表的な五つの切り込み方

ここからは切り込み方についての具体的な方法論を見ていくが、今一度、別の角度から、大テーマのおさらいをしておきたい。

世の中の常識は、マスメディアが流す大量の情報によってできている。トヨタは世界に先駆けてハイブリッド車をヒットさせて大きな利益を叩き出したとか、大谷翔平選手は周囲の反対を押し切って二刀流を実現したといったことだ。

このような常識的ニュースそれ自体には、ノンフィクション本としての金銭的な価値はほとんどない。書き手に求められているのは、**世の中に広まっている常識そのものを覆す**ことだ。マスメディアとは別の角度から切り込むことで、想像もしなかった側面があることを示し、事実そのもののイメージを変える。

ここでは五つほど方法論を挙げたい。

1　**事実を世間の視点とは反対の、個の視点から見ていく。**
2　**常識や制度を打ち壊す人物・出来事にスポットを当てる。**
3　**大きな出来事の新側面を資料等を紐解いて明らかにする。**
4　**ニッチな題材や見過ごされていたものに新たな価値をつける。**

5　マスコミが扱わない大テーマの中のタブーに踏み込む。

それぞれ具体例を出しながら順番に見ていこう。

1は、主に世間の視点とは反対から事実を見るという方法論だ。マスコミの報道を元に形作られる、この選手はこういうタイプだとか、この企業はこういうカルチャーだとかいったような常識を、書き手独自の視点からとらえることで覆すのである。

『甲子園が割れた日』（中村計）という作品がある。元読売ジャイアンツやニューヨークヤンキース等で活躍した松井秀喜選手が、星稜高校の3年生で夏の甲子園に出場した時に、明徳義塾高校と当たり、5打席連続敬遠されたことがあった。試合は明徳義塾高校が勝利したが、試合が一時中断するほどのすさまじいブーイングが鳴り響き、その後もこれが高校野球のあり方なのかと物議を醸した。

この出来事は、マスコミによって敬遠をされた松井の側から報じられ、明徳義塾側を批判する声が圧倒的多数だった。そして松井は5打席連続敬遠という「勲章」を引っ提げてプロ野球に入り、不動の4番バッターになったというストーリーが生まれた。主役はあくまで松井選手だったのである。

だが、著者の中村さんは、この出来事を松井選手の側ではなく、明徳義塾高校の側から描くことにした。監督は何を思って敬遠させたのか、選手はどう受け取っていたのか、高校野球とは何なのか、そして卒業後の生徒にどのようなドラマが待ち受けていたのか。それを事細かに取材して掘り下げていくことで、世の中に広まっている5打席連続敬遠とは異なる、新たなストーリーを示したのだ。

このように広く知られている出来事を、別の角度から見直すやり方はとても効果的だ。残りの2、3、4、5にも当てはまることだが、私は常に次のような意識を念頭に置くようにしている。

「世間に広まっている事実や常識は、本当にこれだけだろうか。他に別の何かがあるのではないか」

自分が持っている情報、見えている世界、それらに疑いの目を持ち、別の角度から物事に光を当てる意識を持つ。そうすることで誰もが想像もしていなかった現実の一側面が輪郭を帯びてくるのである。

ノンフィクション作家の立花隆さんは『東大生と語り尽くした6時間 立花隆の最終講義』で、このような意識を「職業的懐疑の精神」と呼んでいる。世の中にあることを常に疑うということだ。この精神がなければマスコミだけでなく、サイエンスの分野でもやっていけないという。

2は、常識や制度をひっくり返す人物や出来事を追うことで、社会の不条理に一石を投じるという方法論だ。ここでは、『こんな夜更けにバナナかよ』（渡辺一史）という作品を例に

図2　テーマの「空白地帯」を見つける5つの方法

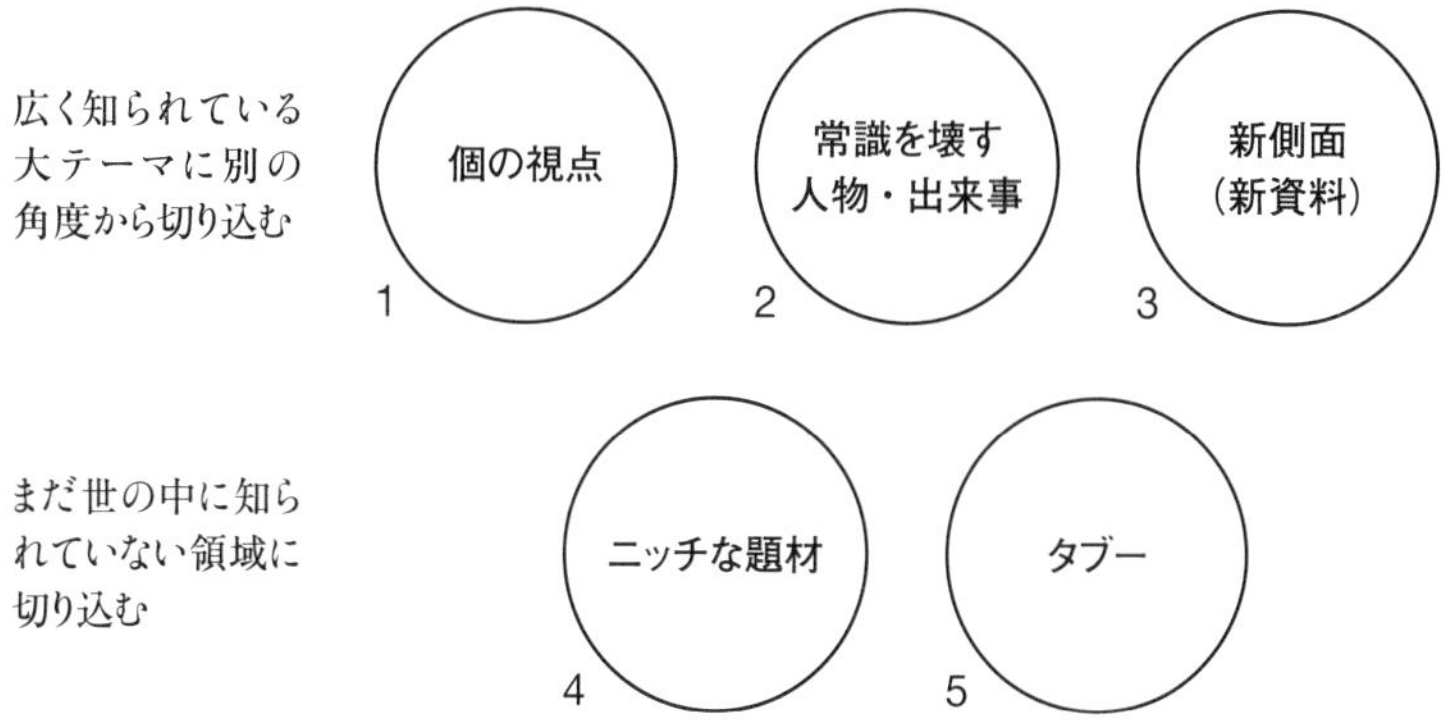

挙げたい。

この作品は、実家や医療施設から距離を置いて暮らす筋ジストロフィー患者の鹿野靖明さんと、彼を支えるために集まった若きボランティアたちを描いた作品だ。

鹿野さんの生き方は非常に型破りであり、自分を介護してくれるボランティアを怒鳴りつけたり、わがままな振る舞いをしたり、日本の障害者福祉のあり方を大声で批判したりする。恥ずかしげもなく、自分の自慰行為にボランティアを付き合わせたりもする。

最初こそボランティアたちは鹿野さんのそんな言動に戸惑うが、だんだんとその姿に人間性の本質を見いだし、人を人が支えるとはどういうことなのかということについて考えるようになる。それは旧来型の障害者福祉のイメージを壊し、多様な人間との共存とは何かを一から考える作業に他ならない。

つまり、この作品は鹿野さんというスケールの大きい人物を取り上げ、周りに及ぼす変化を克明に記録することで、従来とは別の角度から、生きることへの問いを投げかけるものになっているのである。

このように見ていくと、2の方法論は、単に型破りな人を取り上げればいいというわけではないことがわかるだろう。むしろ、ある人物や事象を通して社会の既存の価値観に揺さぶりをかけるという方法論なのである。

3は、誰もが知っていると思われる大テーマに対し、新たな資料を独自に発見し、そこから光を当てることで、知られざる側面を明らかにする方法論だ。

代表的な作品として『死刑の基準』（堀川惠子）が挙げられる。

日本人なら、凶悪な殺人事件を起こした場合、裁判所で死刑が宣告され、絞首刑になることは常識だ。だが、死刑の基準が、なぜ、どのような経緯で設定されたのかを知る人はほとんどいないだろう。

著者の堀川さんが着目したのは、死刑の基準が生まれたとされる永山則夫事件だ。永山は事件当時19歳という未成年でありながら、銃で4人を殺害した罪で死刑判決を言い渡され、1997年に執行された人物である。

堀川さんは知人から、永山が遺した膨大な数の書簡などの資料が元支援者によって保管されていることを教えられる。数が多すぎて、ほとんど精査されてこなかったものだという。

彼女はその場所へ赴いて、半年間かけて保管されていた資料すべてに目を通しただけでなく、書簡等に記された連絡先から文通相手や獄中結婚した元妻の身元を調べ、連絡を取ってインタビューにこぎつける。それによって、永山が生まれ育った家庭がどのようなものだったのか、成育歴の中でいかに認知がゆがめられ、逮捕後にどのような心境の変化が起こったのか、そして司法は永山に対して何をもって死刑判決を下し、その基準ができ上がったのかを明らかにしていくのである。

このような手法を取る際は、資料だけに頼ってはならない。まさに先の「**職業的懐疑の精神**」で、資料に対しても疑いの目を持ち、堀川さんのようにそこから取材対象者を見つけ、連絡を取り、直《じか》に会って話を聞いてから、書くべき内容を決めるべきだ。そうでなければ、本当の意味での真実は見えてこない。

書き手の中には、構想の段階で自分にとって都合の良いストーリーを作り、資料の中からそれに該当するものを選んだり、そうしたコメントを取って書く人がいる。これは取材のようでまったく取材ではないので注意したい。

堀川さん以外にもう一人挙げれば、『散るぞ悲しき』『狂うひと』などを代表作に持つ梯《かけはし》久美子さんも、書簡などを再発掘してノンフィクションを書くのを得意とする作家だ。彼女自身も、資料だけに頼るのではなく、そこから関係者に会いに行ったり、現場へ赴いたりしているので、参考にしてほしい。

事実の再発見

これまで見てきた1、2、3は、有名な出来事や常識とされてきたことを、書き手が別の側面から見ることで、揺さぶりをかける方法論だった。

これから見ていく、4と5は、**世間が見過ごしているもの、あるいはまだあまり世に知られていないニッチなものに着目し、新たな価値を付与する方法論**だ。「再発見」の手法ともいえるかもしれない。

4の代表例として『ネットと愛国』（安田浩一）を取り上げたい。在日外国人を不当に批判する差別主義の団体の実態を浮き彫りにした作品だ。

一時代前まで差別といえば、同和問題などリアルの世界を中心にして行われるものだった。だが、1990年代後半からはインターネットの普及によって、オンライン上で展開されることが増え、やがてそれが現実世界に波及するようになった。

にもかかわらず、社会的にはネットでの差別を軽視する空気があった。見るに堪えない罵詈雑言が飛び交っていても、一部の低俗なネット市民の暴言に一々構うべきではないとされてきたのである。

安田さんはこうした世間の流れに逆行するように、ネットや街宣によって在日コリアンを誹謗中傷する人々にスポットを当て、直に会って話を聞く。彼らはなぜ差別思想を持ち、何を目指し、それが社会をどう震撼させているのかといったことを明らかにするのだ。

この作品は、ネット時代の新たな差別のあり方を可視化させたものだが、安田さんはそれ以前にも外国人技能実習生の問題を扱うなど、世間が軽視してきた社会問題を描いてきた。常日頃から高い感度を持ち、本当にこれは看過されていいことなのかを自問自答しているからこそ、次々と新しいテーマを見つけられるのだろう。

最後は5のタブーを暴く方法論だ。『聖なるズー』（濱野ちひろ）は、世界中の動物性愛者のもとを訪ね歩き、彼らがなぜ人間ではなく動物に対して性愛を抱くのかを描いた異色作だ。

動物性愛は用語としては存在するが、社会的には大きなタブーのようなものとなってきた。一部の変質者のアブノーマルな行為という認識があり、目を向けてはならない闇の世界だったのだ。

著者の濱野さんが踏み込んだのは、このタブーだ。彼女は動物性愛者と膝を突き合わせて話し合うことで、人間にとって性愛とは何なのか、暴力と性愛はどうかかわっているのかということを深めていく。後に述べるように、そこから導き出されるものを、彼女自身の性被害の記憶と重ねることで、普遍化するのである。

単純にタブーを破るだけでは、社会的な意味を持った作品にはならない。自分の中の大きな問題や、世の中の課題と重ね合わせることで、人間性や社会性を織り込んでいかなければならない。それが両立して初めて、ノンフィクションとしてタブーを暴く意味が生まれるのである。

マイノリティーの法則

ここまで読んできて、鋭い読者は1～5で紹介した作品に共通点があることに気づいたかもしれない。そう、作品の主要な登場人物のほとんどが、世間でいうところの「敗者」「弱者」「脇役」、つまりマイノリティーなのである。

一般的にノンフィクションで取り上げられる人物は、このような立場の人々であることが多い。それには理由がある。

世の中の常識や制度は、正反対のマジョリティーの人――勝者、強者、主役――の視点で作られている。歴史が勝者によって作られるのと同じ原理である。福祉にせよ、政治にせよ、スポーツにせよ、権力のあるマジョリティーによって築き上げられているものなのだ。

だからこそ、それらを覆そうとしたら、逆の存在である敗者、弱者、脇役の視点から事実を見つめるのが有効ということになる。**彼らの目線に立って、世の中で常識とされていることに疑問を投げかける**のである。

図3　ノンフィクションにおけるマイノリティーの法則

ノンフィクションにおいて、時にこうした人々との相性の良さを象徴するのが、スポーツノンフィクションだ。スポーツほど勝者に光が当たる世界はないといえる。金メダリスト、世界記録保持者がすべてをかっさらっていくのがこの世界の掟だ。

だが、プロの物書きがスポーツ界における勝者を主人公にして書いた作品で、名作と呼ばれるものはほとんど聞いたことがない。○○選手語録、○○選手写真集、○○選手の告白といった実用書に分類されるような書籍は数あれど、文芸としてのノンフィクション作品ではまず見かけない。

前出の『怪物に出会った日』も、井上尚弥選手を取り上げつつ、実際に取材して登場するのは彼に敗れた人々だ。同じくボクシングを題材にしたノンフィクションでいえば、悲運のボクサー・カシアス内藤の復帰への挑戦と挫折を描いた『一瞬の夏』（沢木耕太郎）にしても、定時制高校のボクシング部の教師と部員を描いた『リターンマッチ』（後藤正治）にしても、名作として語り継がれる作品は敗者、弱者、脇役を主人公にしたものばかりだ。

ここにはいくつかの理由があるだろう。マイノリティーはその逆境ゆえに社会を別の角度からとらえている、読者が共感できるのは成功者の栄光より弱者の挫折である……。何にせよ、ノンフィクション本は敗者、弱者、脇役と高い親和性を持っていることは念頭に置いておく必要がある。読者が本に求めているのは、マスメディアに対するそれとは深度が異なるのである。

マスメディアのアキレス腱

これまで大テーマに対する切り込み方という視点で、テーマ設定について考えてきた。もともとノンフィクションには、マスメディアのジャーナリズムに対するアンチテーゼ（反対の理論）の性格がある。

最初にこうした動きが生まれたのは、１９６０年代のアメリカだった。旧来のジャーナリズムは、取材対象と一定の距離を置いて、客観的に事実を伝えるのがスタンダードだった。だが、当時30代だったトム・ウルフやゲイ・タリーズといった若手ジャーナリストたちは、それに異を唱え、取材対象と主体的にかかわったり、自らの体験を重ねたりすることで、主観的に事実を描くようになる。この手法は「**ニュー・ジャーナリズム**」と呼ばれ、一躍脚光を浴びた。

日本でも、少し遅れてニュー・ジャーナリズムの手法が持ち込まれた。出版社による雑誌ジャーナリズム（週刊誌や月刊誌による報道）が盛んだったこともあり、立花隆さん、沢木耕太郎さんなどがその手法を用いた作品を次々と世に送り出し、ベストセラーにもなった。やがてこれはノンフィクションにおける一つの確立された方法論となり、その系譜の中でたくさんの作品が誕生した。

大テーマのところで少し述べたが、マスメディアにフリーの書き手が対抗するのは難しいし、本としてのノンフィクション作品に求められているのは世の中の常識を覆すことである。それゆえ、フリーの書き手がわかりやすくその要求に応える作品を出すには、アンチテーゼとしての立ち位置との相性はいい。先に私が「ゲリラ」という表現を用いたのはそのためだ。

しかしながら、書き手の中には、あえて大テーマに正統なジャーナリズムの方法論で挑みたいという人もいるはずだ。その場合は、マスメディアが行った取材をさらに掘り下げて、まだ世間に出ていない未公開の情報を示すのが必須条件だ。

マスメディアに属する人々は、社名のブランドを最大限活用し、広い人脈や貴重な情報源を駆使して取材を行う。手練れのベテラン記者に紹介してもらったり、パーティーや会見に出席したりする中で、政治家や警察上層部、大企業の経営者と太いパイプを持ち、何かあればそのルートで情報をもらう。

まったくの新人の書き手が、彼らと対等な情報源を持っていることはまずない。私自身、メディアに所属せず、何のつてもないまま、事件や災害のルポをやらなければならなかったので、このデメリットはよくわかる。はっきり言って、スタートラインが周回遅れなのだ。

私は、そんな人こそ、**マスコミに属していない立場を逆手に取ること**に意識的になるべきだと思っている。それは次のようなことだ。

1　マスメディアが時間をかけられないところで勝負する。
2　組織人としてやれないことを、フリーの立場でやる。

マスメディアは新聞なら半日ごと、テレビのニュースなら日ごとに常に新しいテーマを見つけて報じなければならないので、特定の事実への取材を長期にわたって行うことができない。1は、こうした彼らの弱点をついたやり方だ。

事件ルポをイメージしてもらいたい。マスメディアは普通の事件であれば1回限りで報じるのをやめるし、よほど大きな事件が起きたとしても、数日、長くても1カ月くらいで撤退するだろう。次々に新しいことを報じなければならないので、一時的に多額の費用と人材を投じることはできても、長きにわたって一つのテーマを追いつづけることが難しい。

しかし、フリーの書き手は違う。事件から数日経って、マスメディアの記者たちがまるで潮が引いたように現場から姿を消した後も、その場に残って丹念に取材をすることが可能だ。これによって書き手は、事件の関係者と厚い信頼関係を築くことができたり、時間をかけなければ表に出てこない新事実をつかめたりする。

かつて私は『「鬼畜」の家』という児童虐待殺人ルポの取材で、静岡県下田市でシングルマザーが自宅で産んだ赤ん坊を2回にわたって殺害して天井裏等へ遺棄した事件を追ったことがある。

この事件は発生当初こそ、テレビや新聞の記者が取材を行って記事にしたが、1週間ほどでピタリと報道は収まった。そのため、約半年経って裁判が開かれた時には、傍聴席に来ていた報道関係者は私一人だった。裁判には加害者の妹たちや母親など家族も傍聴に来ていた。私は誰にも邪魔されず、彼女らに話しかけ、インタビューを頼んだ。妹たちはこう言った。

「裁判ではお姉ちゃんが悪いみたいに言われているんですが、本当に悪いのは（加害者の）お母さんや、男たちなんです！　全部話しますので、うちに来てください！」

裁判で裁かれるのは加害者だが、成育環境を知る妹たちの目には、姉を犯行に追いつめたのは、彼女を散々利用した母親や悪い男たちなのだと映っていた。裁判のやり取りを聞きながら、妹たちはそのことを声高に主張したかったのだが、大手メディアはどこも追いかけていなかったので、フリーの書き手である私にすべてを打ち明けることにしたのである。

このようにマスメディアの人たちが引くタイミングを見計らって取材をすれば、彼らが得られない情報を手にすることができる。


次に2を見ていこう。こちらは、マスメディアの人々が、「本職の記者」であるがゆえにできない取材法をするということだ。

マスメディアで職業記者として働いている人々は、組織に属しているがゆえに、様々な企業のルールに縛られている。たとえば、新聞社やテレビ局の正社員であれば、原則的にはまったく違う会社でアルバイトをしたり、履歴書の経歴をオブラートに包んだりすることはできないだろう。

その点、フリーの書き手は違う。私であれば完全にフリーの立場なので、ある会社に、「作家」ではなく「自営業」と書いた履歴書を送り、従業員として入り込むことも可能だ。そこに嘘があるわけではない。

このようにして行われる取材の一つが、「潜入取材」だ。企業なり、病院なりに入り、当事者となって内情を描くやり方である。

近年、横田増生さんがこの手法で、いくつもの優れた作品を生み出してる。『潜入ルポamazon帝国』ではamazonの関連施設へ、『ユニクロ潜入一年』ではユニクロの店舗へ潜入取材し、「効率化」の名の下に企業利益が優先され、人間性を踏みにじるような労働を従業員が強いられている実態をルポしているのだ。これは、マスメディアの社員には、なかなかできない取材だろう。

このようにフリーであるがゆえの特権、つまり時間と立場を巧みに利用すれば、マスメディアが資本とマンパワーをかけてやっても掘り起こせなかった情報を、入手することが可能になる。これがフリーの書き手のアドバンテージなのだ。

書き手にとって必然性はあるか

この章では、フリーの書き手がどのようにテーマを切り取り、書籍として購入するだけの価値のあるものを書いていくかということについて述べてきた。

ノンフィクションの取材現場は、非常にセンシティブであり、機密性の高い情報を扱うことも多い。何にどのようにアクセスするかは書き手に任されているが、本を書く際は自分がなぜ書くかの意味を明確にするべきだ。「こういう理由で取材をしている」と言い切れるようにしておくということである。

マスメディアの記者は、一々そうしたことはしない。なぜならば、彼らはマスコミで働く身であり、そこに属している以上は社会で起きた事象を調べ、テキストや映像にして報じるのが職務なので、あえて説明する必要がないのだ。

ところが、フリーの書き手は、そのような大義名分がない。最悪の場合、他人のプライバシーに土足で踏み込み、興味本位や金儲けのために情報をさらしていると受け取られる。

これを回避するためには、ノンフィクションの書き手は、なぜこのテーマで取材をしているのかという理由を、誰もが納得できる形で示せるようにしておかなければならない。

そのやり方を、前出の『聖なるズー』で考えてみたい。

著者の濱野ちひろさんは大学院生（取材当時）で、本作で公募の新人賞・開高健ノンフィクション賞を受賞してデビューしている。いわば、素人同然の書き手だ。

そんな著者が、社会のタブーを破るとはいえ、何の説明もなく、世界の動物性愛者に会いに行き、インタビューをすれば、読者は「この人は何の思惑があって取材をしているのだろう」といぶかしがるだろう。その疑問は、著者や作品への信頼性を歪めることになりかねない。

そこで、濱野さんは作中で丁寧に動機を説明する。自分が交際相手の男性から10年ほど性暴力を受けており、共依存の状態から逃れられなかったことを告白するのだ。彼女はそのトラウマから、性的な倒錯について知りたいと考え、大学院で文化人類学を専攻し、性の問題を研究するようになった。そのテーマの一つが、歪んだ性愛が動物に向けられる動物性愛だったのである。つまり、濱野さんにとって、動物性愛者を掘り下げることは、自分の性の問題と向き合うことだったというのだ。

　このような細かな説明がなされれば、取材を受ける側も、本を手に取る読者も、濱野さんによってこの本が書かれる意義に納得することができる。濱野さんは自分の過去と動機を深く結びつけたことで、書き手としての信頼感を獲得したことになる。

　もちろん、誰もが濱野さんのように人生やアイデンティティーにかかわるような執筆動機を持っているわけではないので、内容は人それぞれでいい。大切なのは、**取材を受ける相手や読者に、書き手にとってこのテーマや切り取り方が必然的だと納得させる**ことなのである。

第2章

「取材力」を身につける

心の言葉を引き出す関係構築術

エネルギーの集まる空間にゆく

書き手はテーマを決めた後、自ら現場を訪ね歩き、執筆の素材となる新しい事実を見つけ出していかなければならない。取材である。

ノンフィクションには舞台設定が欠かせない。予《あらかじ》め舞台が決まっているものならいいが、そうでなければ書き手自身が**どこの舞台を軸にしてストーリーを展開させていくかを設定する必要が出てくる。**

前者でいえば、『収容所《ラーゲリ》から来た遺書』（辺見じゅん）は第二次大戦終結後に投降した日本兵がソ連の捕虜となってシベリアに抑留された時の話なので、自ずと舞台はシベリアの収容所となる。『さびしいまる、くるしいまる。』（中村うさぎ）は、著者がホスト遊びをくり返しながら内面を赤裸々にさらけだす話なので、こちらも必然的に歌舞伎町が舞台になる。どちらも、物語と舞台が最初から一体化されている作品だ。

反対に、書き手が舞台を自分で決めなければならないタイプの作品もある。たとえば、家出少年のルポを書こうとしても、家出少年は日本全国に散らばっているので定まった舞台があるわけではない。あるいは、10代のオーバードーズ（医薬品の過剰摂取）を書こうとしても、同じく特定の舞台はない。

書き慣れていない人の中には、「舞台がないなら、舞台を設定せずに書けばいい」と考える人が少なくない。テーマは一致しているのだから、日本全国の家出やオーバードーズの経験のある若者に会いに行って話を聞けばよい、と。

しかしこれをやってしまうと、読者は数多《あまた》の事例を並列に見せられるだけなので、読後感が非常に平坦なものになる。ノンフィクション作品というより、事実を列挙しただけのものと受け止められるのだ。調査報告や証言集として割り切る方法もあるが、この類の本はあまり売れないし、ノンフィクション作品として見なされにくい。

このような作品にまとまりをつけるのが舞台設定だ。どこか一カ所に舞台を設け、そこでくり広げられる物語を描くようにするのである。私は舞台設定を考える時、**人のエネルギーが最も集中する熱量の高い空間を探す**ようにしている。

私の作品なら、『浮浪児１９４５-』がそうだった。太平洋戦争によって10万人以上の戦災孤児が生まれたが、その何分の一かが「浮浪児」、今でいうストリートチルドレンとなり、戦後の焼け野原となった町で、独力で生き抜いていた。

取材をはじめた当初、浮浪児をテーマにした先行研究やノンフィクションは皆無に等しかった。そのため、私は、戦前、あるいは戦後すぐにできた日本全国の児童養護施設を調べ上げ、片っ端から電話をかけて浮浪児だった退所者を知らないかと問い合わせた。戦後、浮浪児の一部が国に保護され、施設で育てられた記録があったからだ。

数十カ所の施設に連絡をしたものの、すでに戦後60年以上が経っていたため、終戦前後を知る職員はほとんどおらず、過去の名簿を引っくり返してもらっても、五つの施設に問い合わせて1人の元浮浪児が見つかればいい方だった。ただ、3年余り取材したことで、全国に散らばる元浮浪児の人たち数十人に長時間のインタビューをすることができた。

問題は、元浮浪児の人たちの話をどう本にまとめるかということだった。彼らの出身地はほとんど異なっていたし、浮浪児時代も全国を転々としていた。警察に保護され、送られた施設も別々だ。証言をバラバラに並べれば、統一感は失われる。

そこで私が注目したのが、東京の上野駅だった。当時、上野駅の地下道は家のない者たちでも凍死を避けられる場所として知られており、大勢の浮浪児がそこで寝起きしていた。また、駅前に誕生した闇市は活況を呈しており、浮浪児たちが皿洗い、靴磨き、スリなどをして食糧を得るための貴重な空間となっていた。そして話を聞いた元浮浪児の人たちの大半が、短期、長期にかかわらず上野駅で過ごした共通体験を持っていたのである。

――当時の上野駅は、間違いなく大勢の浮浪児を引き寄せ、生き延びさせていた場所だ。

私はそう考え、上野を舞台にしてその熱量を描くことにしたのである。

このようにテーマにもともと舞台が存在しない場合、書き手は人のエネルギーが集う熱量の高い空間を見つけ出して、そこを軸にストーリーを展開させることが大切だ。特に、テーマや取材対象にさほど現代的な訴求力を感じられない場合は、それを舞台に求めるのも一つなのである。

先ほどの、家出少年やオーバードーズの若者の例で考えてほしい。家出やオーバードーズといった行為は大して珍しくないし、それをする若者個人に読者を引きつける大きな魅力があるわけでもない。

こういう時は、たとえば歌舞伎町のトー横（新宿東宝ビルの脇）のような空間を舞台にして、若者たちのストーリーを展開させれば、作品としての力は一段階アップするはずだ。

取材依頼の雛形

私は取材の不要なノンフィクションは存在しないと思っている。たとえ闘病記など自分自身の体験談を書く場合も同じだ。

人は自分のことをすべて理解しているつもりでも、家族や医療者に改めて話を聞くと、知らない事実が次々と明るみに出たり、思い違いに気づいたりする。物事の因果関係は一つとは限らず、場合によっては、人の数ほど因果関係がある。

書き手がこのことを認識して取材をして書いている作品とそうでない作品とでは、まったく違うものになる。書き手は**自分の持つ情報を疑う**ところからスタートし、なるべく大勢の人にインタビューをしなくてはならない。

インタビューの申し込みのことを、「取材依頼」と呼ぶ。取材と聞くとマスメディアの記者が強引に当事者にマイクを向けて一言をもぎとろうとする光景を思い浮かべる人もいるかもしれないが、ノンフィクションではそうした直撃取材の手法はあまり有効ではない。求められる情報の量と質が、根本的に異なるからだ。

新聞記事は字数にして数百字、長くても数千字だ。そのような限られた情報量では、関係者が「隣の家の子が事件の犯人だったとは思いませんでした。やさしくていい子でしたから」という一言でも十分に成立する。

だが、本としてのノンフィクション作品は、十数万字の情報をまとめ上げ、刊行後も長く社会に残るものだ。そうなると、通り一遍の感想や雑談のような短い言葉は使い道がなく、当事者と信頼関係を築いて何時間、何十時間と話を聞くことで、できるだけ深い言葉を大量に引き出さなければならない。そのために行う取材意図の説明が取材依頼なのである。

基本的に、取材依頼は対面で行うべきだろう。会いに行って、直に頭を下げてお願いするのとしないのとでは、信頼感が違うからだ。

もし相手に会うことが困難な場合、優先順位は次の順番になる。①**手紙**、②**電話**、③**メール**である。初めからメールだけで済ます人がいるが、これだと断られる（無視される）リスクが格段に高まり、一度そうなると後で手を尽くしてもなかなか同意に漕ぎつけられなくなる。会えないのなら、せめて手紙や電話で頼んだ後、事務的なことをメールでやりとりするようにしたい。ちなみに、手紙はどんなに字が汚くても、手書きで書くようにしよう。

　次頁の図4は、メールによる取材依頼の定型だ。

　前提として述べておくと、取材において「謝礼」を払うことはない。遠方から電車賃をかけて来てくれたとか、仕事を休んで応じてくれたといった相手には、1000~2000円くらいの菓子折りを渡すこともあるが、**原則として金銭のやり取りは行うべきではない**。これはマスメディアにも共通する取材のルールである。

　取材依頼の内容について補足すれば、「タイトル」は、仮タイトルで十分だ。ただ、取材依頼の時点では、あまり刺激的なタイトルにしない方が賢明だろう。タイトルが特別な意味を持ってしまい、関係者がためらい、拒否することがあるからだ。

「出版社」については、すでに企画として通っているなら本を出す出版社名を記すに越したことはないが、そうでなければ書かなくていい。その分、「取材意図」のところで、なぜ自分がこの問題を調べて活字にしたいのかという動機を熱く丁寧な言葉で伝えればいい。その際、後に述べる相手の〝メリット〟を書き込むことも大切だ。

「掲載媒体」は、新人の場合はないかもしれないが、もしブログのようなものであっても、何かしらの媒体が用意できれば、それを記しておくのも一つだ。これには理由がある。

　取材の依頼の際に、相手からしばしば「発表前に原稿確認をさせてくれ」と要求される。事実関係の確認というより、都合の悪いことを書かれたくないと思っている人から求められ

図4　取材依頼書のサンプル

○○○○様

お世話になっております。

先日、お伺い致しました作家の石井光太です。その節はご多忙な中、お時間を割いていただき、誠にありがとうございました。

取材の件について、改めて書面にてお伝えしたく存じます。

現在私は××××事件を調べております。この事件には××××という点で社会的に非常に影響力があり、今後の××××を左右すると考えます。そうしたことから、私は××××という報じる意味があると思っています。

現在のメディアの報道では××××となっておりますが、実際のところ何が起きたのかや発言内容をめぐって証言の異なる部分もございますので、○○○○様のお話を伺いたいと考えております。

企画の趣旨等に関しては以下となります。

○企画概要
書籍や記事の概要。「タイトル」（仮）も入れて、どんな書籍や記事を作るつもりかのイメージを示す。

○取材意図
なぜ取材をしたいと思っているのかの理由を説明。取材内容のイメージ。

○質問事例
取材時の質問の事例を5～8つくらい挙げる。具体的な質問ではなく、こういうことを聞きたいというイメージで可。

○取材形式
取材の場所や時間や方法を提案。もしくは相手にそれらの希望を聞く。

○掲載
出版社、掲載媒体、掲載時期、原稿確認の有無、出版の予定。

○連絡先
自分の連絡先を明記。電話番号、メールアドレス、住所等。


上記はあくまで、当方の希望になります。○○○○様のご都合やご希望も別にあると思いますので、疑問点も含めてご遠慮なくお申し付けいただければ検討させていただく所存です。

私としては○○○○様が取材に応じて下さる意義は××××にあると考えております。お忙しいところ大変恐縮ではございますが、事件を正しく、意味のある形で伝えるため、ご協力いただければ幸甚に存じます。

石井光太拝

ることが多い。

原則的に、マスメディアは原稿確認をさせていないし、ノンフィクションでも同様だ。ただし、一冊の本を書けるほどの情報を集めるには、相手と強い信頼関係を築かなければならないので、最終的には作品の性質や相手のタイプによってどうするかを判断することになる。たとえば、ある政治家の不正をただす原稿を、事前に見せれば、都合の悪いところはすべて修正されてしまうだろう。こういうケースでは原稿確認させないのが鉄則だ。

他方、いじめ自殺事件のような原稿は、被害者遺族や担当弁護士にも内容を確認してもらうべきだ。間違いがあれば、加害者側から名誉毀損で訴えられるリスクがあるし、それによって被害者を不必要に傷つけかねない。無駄なトラブルを避けるという意味でも確認してもらった方がいい。

判断に困るのが、相手から「原稿確認ができないのならインタビューは受けない」と言われる場合だ。下手に応じると、インタビューで発言したにもかかわらず、重要なところをすべて削除しろと言ってきたり、文意が通らないほど表現を婉曲的なものに変えられたりする。これでは、本として成立しなくなる。

こういうケースで、私がしばしば取る方法が、ＷＥＢメディアなどの**連載媒体を交渉材料として使う**ことだ。こう提案するのである。

「インタビューで話したことについては、出版社が配信しているＷＥＢニュース（または、

WEBマガジン）で書きます。こちらについては原稿確認していただき、修正の要望にも応じます。ただ、本にする時は、私が他に取材した様々なことを盛り込むので、ニュースの原稿を元に自由に書くことを認めてください」

最初に世に出るWEBニュースの記事の方で、相手に思う存分修正してもらう。彼らは記事のせいで自分が批判されるのではないかという不安から修正を要求しているだけなので、ニュースがある程度受け入れられれば安心してそれ以上何も言わなくなる。

一方、書き手にとっては、WEBニュースの内容は、作品全体の一部であり、本を書き上げる方が重要だ。だから、あくまでWEB原稿は一つの素材として割り切り、本の完成度を高めることを優先するのである。そして本にする時の原稿は相手には見せない。

ところで、ここでWEBニュースを媒体として挙げたのは、出版社にとっては手軽なもので、後で編集したり、削除したりするのも簡単だからだ。最初のワン・クッションとして利用するには、書き手にとってももっとも利便性が高い。まったくの素人の場合であれば、ブログやメルマガを同じように使用することもできるだろう。

取材にはベストタイミングが存在する

どれだけ丁寧に取材依頼書を作成したところで、必ずしも相手が受け入れてくれるわけではない。相手にとってセンシティブな内容であればあるほど、断られる可能性は高まるが、そこは何としても乗り越えなければならない壁だ。

書き手は運を天に任せるのではなく、取材の承諾の確率が高まるよう、次の三つの工夫をするのがいいだろう。

1　話したくなるタイミングを見計らう。
2　相手の横と縦の人間関係を使う。
3　インタビューに応じるメリットを提示する。

1について考えよう。

事件、事故、災害など何かが突発的に起きた時、人はすぐに気持ちを言葉にすることができない。激しく動揺していたり、状況が把握できなかったりして、言語化するのが難しいものだ。また、マスコミから一斉に取材依頼を受け、パニックになっていることも少なくない。

ノンフィクションの書き手は、彼らの中でこういう心境がずっと継続するわけではないということを認識するべきだ。事態が一段落したり、物事が次のステップに移ったりした時、人は胸に抱えているものを第三者に話すことで気持ちを整理したい、ストレスを解放したい、世間に反論したいといった感情が沸き起こる。

たとえば、災害で家族を失った直後、遺族は悲しみに暮れてまったくインタビューを受ける気にならなくとも、数カ月が経って、災害に人災が重なっていることが明るみに出れば、何かしらの意見を表明したり、無念の思いを打ち明けたりしたくなる。書き手はそういう**タイミングを的確に見計らって取材依頼を行う**のである。

個人的な経験でいえば、２０１５年に起きた川崎中1男子生徒殺害事件を扱った拙著『43回の殺意』がある。17～18歳の未成年３人が、多摩川の河川敷で中学1年の男子生徒をカッターで切りつけて殺害したのである（内容の詳細については第5章で述べる）。

この本は、殺された少年の父親の証言を中心に構成されている。出版後、マスメディアの関係者から「なぜ父親へのインタビューができたのか」という問い合わせが相次いだ。事件発生当時、膨大な数のマスメディアの記者が遺族のもとへ押しかけてあの手この手で話を聞こうとしたが、誰一人としてまともなインタビューが実現できていなかったからだ。にもかかわらず、フリーの作家である私だけが数度にわたって何時間も話を聞いてテキストにできたのは、適切な時機を窺ったためだ。

事件発生直後、私はＮＨＫや朝日新聞といった大手メディアが取材に失敗しているのを知り、今は不可能だと考えて足を運ばず、チャンスが到来するのを待つことにした。

事件から1年ほど経ち、加害少年３人の刑事裁判が横浜地方裁判所で開かれた。その頃、メディアは被害者の両親が何も発言しないのをいいことに、家庭内暴力、離婚、母親の再婚問題があったなどと、批判的な情報を報じるようになっていた。それが事実だとしても、両親には両親にしかわからない事情があり、一方的な報道には憤懣やるかたない気持ちだっただろう。

公判には、被害者の父親と母親（離婚）が被害者参加制度を利用し、それぞれ弁護士を伴って成り行きを見守っていた。私は傍聴席から見ていたが、加害者3人が法廷で示した証言や態度は遺族を大いに愚弄するものだった。

殺人の動機と手法があまりに身勝手でむごたらしいばかりか、被告人質問の際には遺族や裁判官を嘲るような発言をくり返した。遺族が激怒して彼らに飛びかからないのが不思議なほどだった。にもかかわらず、彼らは当時の少年法に守られ、遺族が求める量刑よりはるかに軽い判決を言い渡されたのである（1人は最後まで無罪を主張しつづけた）。

私は法廷で遺族の様子を見ながら、さぞかし無念であり、この1年で言いたいことが山ほどつもっているだろうと察した。判決が下され、マスコミの取材が完全に下火になっている今なら、遺族に検討してもらえる余地があるかもしれない。私はそう考え、一審判決が出たタイミングで、被害者の父親が暮らす島根県の西ノ島へ行き、島の住人の人脈をたどって彼を直に知る人物に仲介してもらい、港近くの食堂で会うことに成功した。

ここで私が提案したのは3点だった。出版社が運営するオンラインマガジンで連載を予定していること、そこは文字数に制限がないので主張をすべて掲載できること、発表前の原稿確認を受け入れることだ。案の定、父親は言いたいことを山ほど抱えており、わずか5分で承諾してくれた。そして一定の間隔を空けて何度も会い、合計十数時間に及ぶインタビューを実現したのである。

このように不可能と思える取材依頼であっても、**相手の心境や環境をきちんと見極めれば、突破口が開ける**ことがある。見方を変えれば、フリーの書き手がマスメディアを出し抜いて勝つには、そのようなやり方をするしかない。

ノンフィクション作家の中には、過去に起きたことをベストタイミングで掘り起こし、現代性のある作品として世に出すのが得意な人がたくさんいる。あえて1人名前を挙げるなら、奥野修司さんだ。

紙幅が限られているので、細かな内容までは書けないが、赤ちゃんの取り違え事件を扱った『ねじれた絆　赤ちゃん取り違え事件の十七年』、東日本大震災の犠牲者の霊に会いたがる遺族を扱った『魂でもいいから、そばにいて』などを、ぜひその観点から読んでみてほしい。

異なるコミュニティーの案内人を探す

2の「相手の横と縦の人間関係を使う」は、取材の原則とも重なることだ。

いきなりメディアの人間から、「話を聞かせてほしい」と言われて躊躇《ためら》わない人はいないだろう。たとえ心の底では話をしたいと思っていても、この人を信じていいのかという警戒感が生じるのは自然だ。

だが、間に知人が「紹介者」として入っていたらどうか。家族や友達から紹介された人なら、まったく見ず知らずの人よりはかなり取材を受け入れやすくなる。

書き手はその心理を上手に使って話を聞く相手を見つけていくべきだ。ある人に話を聞かせてもらったら、次はその人から別の関係者を紹介してもらうのだ。**知人から知人へとバトンを手渡してもらう**のが、もっとも合理的なやり方である。

この方法は、社会のマイノリティーやアウトサイダーを取材する際に、最大の効果を発揮する。社会秩序の外で生きている人は、普段から社会秩序の内部にいる人に対して大きな不信感を抱いているので、普通に取材依頼しても容易には受け入れてくれない。しかし、同じような立場の人の紹介があれば、意外なほどあっさりと了承してくれる。

たとえば、私のデビュー作『物乞う仏陀』は、途上国のスラムや路上生活者と生活を共にして書いたルポだ。発表した直後、読者から「どうやって現地に入り込めたんですか」とよく尋ねられたが、彼らが持つ独自のネットワークを利用したのだ。

一般的にマスメディアが海外で取材をする場合は、メディア慣れしているコーディネーターを雇って行われる。だが、その人がいくら有名な大学を出て英語や日本語がペラペラでも、スラムや路上生活の人々に太いパイプを持っているわけではない。

そこで私が目をつけたのが、町にいる物売りや廃品回収者だった。彼らは日中こそ町中で低賃金労働をしているが、それが終わればスラムや路上で寝起きする生活をしている。彼らは公的支援を受けられないので、複数の家族が集まって堅固なネットワークを築いて、料理から子育て、高齢者介護まですべて助け合う。この相互扶助のつながりが、国家に見放された者たちが生き抜く術になっているのである。

私はこのネットワークを利用することにした。町で出会ったスラムや路上で暮らす人々をガイドとして雇うことで、彼らが親しくしている人たちを芋づる式に紹介してもらったのである。運命共同体である仲間からの紹介という担保があれば、彼らは喜んで私をバラックに泊めてくれるし、必要な情報はすべてくれる。危険なことからも守ってくれる。それが取材を成功させる秘訣だったのだ。

これは、日本のアウトローと呼ばれるような人々への取材でも同様だ。

暴力団組員、半グレ、風俗店関係者などは、社会秩序の中で生きる人たちを信頼していないので、基本的にはメディアの取材には応じない。だが、同じ世界の住人（先輩、同僚、後輩）とは疑似家族のような関係性を築いており、足を洗った後もそれはつづいている。

ゆえに、暴力団を取材したければ、最初はカタギになっている元組員や元組長にアプローチすればいい。彼らにきちんと説明をして紹介者になってもらえれば、現役の暴力団組員に連絡をとってくれる。現役のアウトローたちも、たとえカタギになっているとはいえ、元親分、元兄弟分の頼みであれば、よほどのことがない限り受け入れてくれる。彼らは「不義理」といって、仲間の顔に泥を塗ることを嫌うからだ。

書き手としていろんなテーマを作品にしたければ、どこかで自分の住んでいるのとは違う世界にアプローチしていかなければならない。その時は、**自分の世界と異世界との接点に立つ人を見つけ出し、その人間関係をたどることで、異世界の深淵へ歩を進める**ことを心がけたい。

話した方が得だと思える状況を演出する

3の「インタビューに応じるメリットを提示する」は、あらゆる取材依頼において有効な方法だ。

大多数の人は、もしNHKのような大手メディアとフリーの書き手から同時に取材依頼がくれば、前者を選ぶだろう。メディアとしての社会的信頼度が高く、影響力も大きいと考えるからだ。

かといって、フリーの書き手には勝ち目がないわけではない。フリーの書き手は、マスメディアにはないメリットを提示して戦うべきなのだ。

フリーの書き手の取材を受けるメリットとは何だろう？　私がすべての取材で共通する強みだと思うのが、相手に次のように断言できることだ。

「マスメディアと違って、あなたが言いたいことをすべて掲載することができます。マスメディアのように都合良く一部を切り取るようなことはしません。なので、社会や相手に対して語りたいことをすべて語ってください」

相手は、何か言いたいことがあるからインタビューを受ける。しかし、マスメディアの取材では、2時間も3時間も話したところで、たった数行、たった数十秒に削られて報道される。そうして世の中に出た情報が、自分の意図と外れて広まるのは珍しいことではない。

この点、ノンフィクションは異なる。WEB記事の情報量にさほど制限はないし、よほど歪んでいたり、偏っていたりすれば別だが、基本的には「本人の主張」ということで意見をそのまま掲載できる。本人のインタビューを受ける意図が、自分の意見を社会に伝えたいということであれば、明らかにノンフィクションの取材を受けた方が得策なのだ。

今やWEBニュースは数十万PVから多ければ数百万PVになるので、数字の上では新聞に掲載されるのと閲覧者数は変わらないどころか、目に見える反響はWEBニュースの方が大きかったりする。

また、先の話とリンクするが、本にする時は相手の主張を全面的に載せるわけにはいかないし、構成上の適切なバランスもある。それゆえ、WEBニュースで相手の納得する形で記事にしておき、書籍では必要なところだけを抜粋して使用すればいい。新人の場合は、ブログやメルマガのような媒体を用いることもできるだろう。

また、このような取材を受けるメリットを提示する方法を応用すれば、本来は取材を拒絶するはずの人へのインタビューも実現できる。

不正を働いた社長、いじめの加害者、風俗店の店長など、人から批判される材料を持っている人は、真正面から取材依頼をしても、批判されるのを恐れてなかなか受けてはくれない。

こうした相手には、さらに別の形で彼らにインタビューに応じるメリットを示すべきだろう。どういうことか。

たとえば、私はホストクラブの50年の歴史に光を当てた『夢幻の街』という本を出したことがある。歌舞伎町でくり広げられた黒歴史を、ホストクラブの大物たちの目線で光を当てたルポだ。

この取材では、ホストクラブの頂点に君臨する巨大グループ店のオーナーたちへのインタビューが絶対条件だった。歌舞伎町での殺人事件から暴力団との関係まであらゆることを聞きださなければならない。だが、彼らがノコノコと出てきて、ありのままにそれらを話すわけがない。

そこで私は、取材の順番を計画的に決め、外堀から埋めることにした。最初にオーナーたちの下で働いていた元部下、競争に敗れたライバルのオーナー、あるいは彼らが出世の踏み台にした女性に取材をしたのだ。オーナーに反感を持っている人たちは、都合の悪いことも口にする。

私はこうした情報をまとめた上で、一撃必殺でオーナーに次のように取材依頼をした。

「元部下やライバルの人たちがこのように証言をしています。もしかしたら事実と違うことがあるかもしれませんし、私としては双方の言い分を聞いた上で、きちんとしたノンフィクションを書きたいと思っています。したがって、あなたの目に映った事実や意見を話していただけないでしょうか」

オーナーからすれば、元部下やライバルたちが好き勝手に話したことが一方的に本になるのは都合が悪い。それならいっそのこと自らの口で事実を打ち明けた方がいいという打算が働く。これによって、彼らは依頼を受け入れてくれたのである。

この外堀を埋める手法は、事件取材で最後に加害者に当たったり、大物政治家や経営者など、一筋縄では決して応じようとしない人物を引っ張り出したりするのにも非常に有効だろう。

人によってインタビューを受けるメリットは少しずつ異なってくる。書き手は取材依頼をする際、**どのような申し込み方なら、相手が取材を受けるメリットを感じてくれるかを先読みした上で、アプローチ法を練る**ことが肝要なのだ。

インタビューの可否を握る最初の5分

さて、取材を受けてくれたからといって、相手が胸の内を赤裸々に明かすとは限らない。建前、嘘、見栄、歪曲……。彼らが見ず知らずの人間に対して言葉を選んだり、身を守ろうとして事実を隠したりするのは仕方のないことだ。

書き手の責務は、それでもインタビューによって本音を引き出すことである。どんな障壁が立ちはだかっていても、それを成し遂げられれば成功であり、そうでなければ失敗だ。

インタビューの時間は、60～120分が適切だろう。どれだけ体力のある人でも、3時間も話せば集中力がなくなり、惰性で質問に答えるようになる。状況によっては、15～30分しかもらえないこともザラだ。

インタビューでは、これだけの短時間に胸襟を開いて話をしてもらわなければならない。ジャーナリズムの王道の取材作法としては、最初に名刺を出して、取材意図を説明し、世間話をして気持ちをほぐしたところで、時系列に沿って質問をしていくといった流れで説明されがちだが、私は完全には同意できない。

これは、マスメディアの記者が社会的地位のある人に取材する時には有効な方法だといえる。政治家、実業家、病院長、弁護士などは、書き手の社会的地位によってインタビューを受けるかどうかを決めたり、世間話で相手を探る習慣があったりするからだ。

しかし、事件や災害の当事者など、インタビュー慣れしていない一般人に対しては、これは逆効果を生む可能性が高い。少なくとも私の経験に照らし合わせれば、弱い立場にいる人たちにそれをすれば、威圧感を感じさせて話す気持ちも萎えさせてしまうだろう。

取材をされる相手の心境を想像してみてほしい。

相手にとって書き手とは、たとえ無名の新人であっても、自分が話したことを活字にしようとする人物だ。その意味において、大きな力を持っていて、自分の運命を握っている存在である。彼らは書き手を次のように見ている。

——本当にこの人は自分の味方なのだろうか。

——私の苦しみを理解してくれるのだろうか。

——金儲けや話題作りのために来ているだけではないだろうか。

このように警戒している相手にしなければならないのは、形式的な挨拶や天気の話ではないだろう。

私は、**会ってから5分で作られる書き手への印象がインタビューの行方を握っている**と考えているため、次のようなステップを踏むようにしている。

ステップ1　会った瞬間、深々と頭を下げて感謝の気持ちを伝える。名刺はその後に渡す。

ステップ2　書き手が取材テーマの〝当事者性〟を持つことが伝わるエピソードを話す。
ステップ3　書き手が自身の内面を具体的に伝え、教えてもらいたいと頼む。

これを最初の5分、つまりインタビューの入り口で行うということだ。順番に説明する。

書き手は当事者であり、伝達者であれ

まず、ステップ1からだ。

インタビューをする際、ほとんどの書き手は自分のことを「話を聞かせてもらう、相手より下の立場」だと考えている。だが、先にも述べたように、相手の心境は逆だ。書き手を「自分の話を聞いて活字にする強い立場」だととらえている。つまり、書き手に一種の脅威を感じているのだ。

そんな書き手が目の前に現れて、「ジャーナリスト」「作家」など肩書の入った名刺を示し、論理的に取材意図を説明すれば、相手はどう感じるか。書き手に対して余計に警戒感を抱くのではないだろうか。

書き手はそのことを見越して、意識的に自分の立場を下げる工夫をしなければならない。飾らないシンプルな言葉でいい。会った瞬間に深々と頭を下げ、少し声を大きくして感謝を

図5　インタビュー、最初の5分でやるべきこと

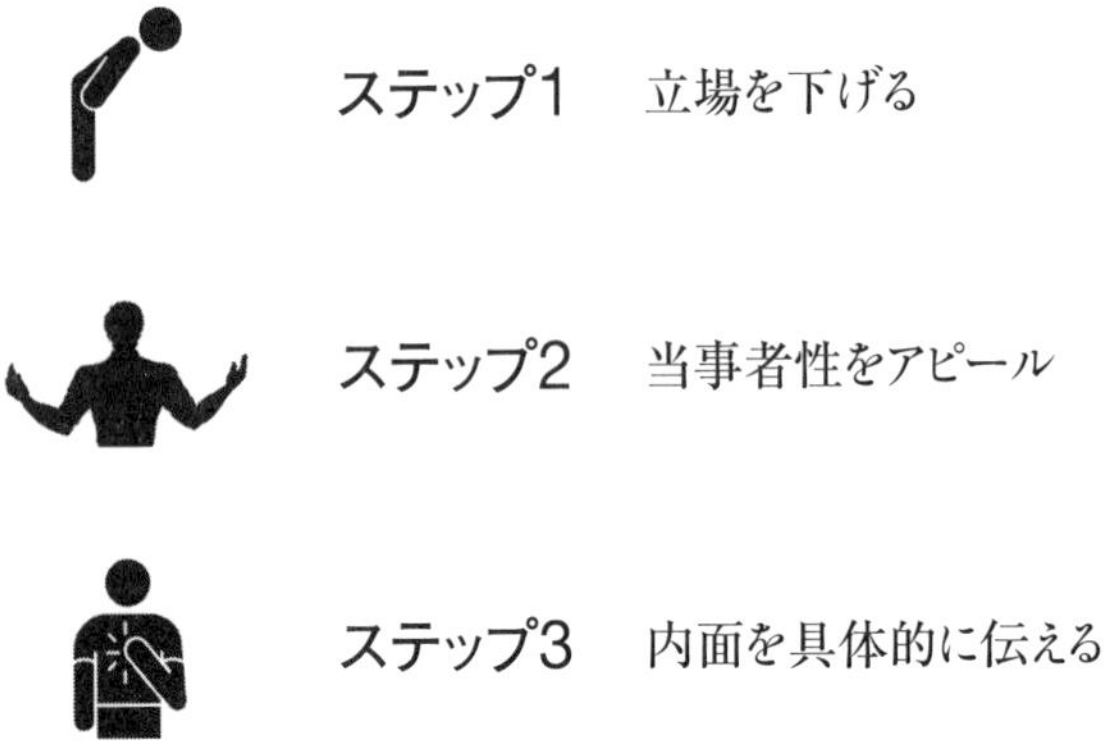

伝えるのだ。

「今日はお忙しいところ、お時間を作ってくださり、ありがとうございます！　本当に感謝しています！」

開口一番、脅威だと思っていた書き手から頭を下げられてそう言われれば、悪い気はしないだろう。警戒心も少しは和らぐ。名刺を渡すのは、その後でいい。

さて、ここからが勝負だ。すぐにステップ２に移る。

この時点ではまだ、相手は書き手に対して完全に気を許しているわけではない。インタビューに応じたところで、本当にこの人は自分のことを理解し、正しく活字にしてくれるのだろうかという疑念がある。

次にしなければならないのは、自分が冷淡な観察者ではなく、**血の通った〝当事者〟であると彼**

らにわかってもらうことだ。具体的なエピソードを話すことで、取材の内容がいかに自分自身とつながっているかを伝えるのだ。

たとえば、高齢の父親がひきこもりで精神障害の息子を殺害したという事件があったとする。８０５０問題である。この父親にインタビューをすると仮定した場合、相手はＡとＢのどちらに本音で話をしたいと思うだろうか。

Ａ「私は記者をしています。入社以来長らく政治畑で主に与党の取材をしてきましたが、４年前に社会部に移り、家庭を持って娘が生まれてからは、家族の問題にも少しずつ取り組んできました。先日も幼児の英才教育についての記事を書きました。この度、うちの紙面で８０５０問題の特集を組むことになりました。そこで、あなたがなぜ、息子さんを殺《あや》めたのか、その経緯について聞かせていただきたいと思います」

Ｂ「今回の事件は、私は自分の家庭環境とすごく重なるのです。実は義理の弟が精神を病んで長年ひきこもっており、義理の両親に家庭内暴力を振るっているのです。私には今まで何もできなかった後ろめたさがあり、今回の事件を追うことにしました。世の中には私も含め、同じ悩みを抱えている人がたくさんいます。頂戴したお話はそんな人々の役に立てるものに絶対しますので、どうか教えてください」

相手はAのように言われれば、書き手に対して距離を感じるだろう。書き手が社会的地位のある人であることは理解するが、職務として会いに来ているだけなので、わざわざ心の扉を開いてまで話をする責務を感じない。

だが、Bのように言われればどうだろうか。相手は書き手が似たような悩みを持った〝当事者〟だと感じる。だからこそ、この人なら話に深く耳を傾けてくれるだろうと思うし、本音を打ち明けたいという気持ちになる。

これが、インタビューの冒頭で血の通った当事者であることを示すことの重要性だ。私自身、これまでほとんどの取材で、テーマにおける自分なりの「当事者性」を見つけて相手に説明することを心掛けてきた。

私がいじめ自殺事件を取材した際は、小学校の低学年の時に高学年の人からいじめられた体験を話したし、児童虐待で捕まった風俗嬢を取材した時は、私が昔交際していた恋人が近親相姦のトラウマから風俗嬢になった後に心を病んだエピソードを明かした。元浮浪児のお年寄りにインタビューした時は、20代の頃に海外の戦災孤児と一緒に暮らし、彼らの飢餓を目の当たりにした話をした。

書き手は自分の人生を振り返れば、何かしら相手と重なる体験があるものだ。大抵は恥ずかしく、人に打ち明けたくないエピソードだろう。しかしだからこそ、最初にそれを懺悔のように吐露すれば、相手は書き手を血の通った当事者であると感じ、同じ熱量で本音の話をしてくれるようになるのである。

最後がステップ3だ。

書き手が語る、前出の当事者性を示すエピソードを見てほしい。これらのエピソードにおける当事者性は、相手と同じものではない。8050事件であれば、あくまで自分は当事者家族と一歩離れたところにいて何もできずにいる人間だ。いじめも、虐待も、浮浪児も同様だ。だからこそ、個人的なエピソードを話した後、必ず相手に次のことを伝えなければならない。

「この問題を前にして、私は今、どうしていいかわからず悩んでいます。だからこそ、本当の意味で当事者であるあなたから話を聞いて、私は自分自身が生きていく上でのヒント、ひいては似たような当事者のための助けを見つけ、活字にして伝えたいのです」

このような頼み方をすれば、相手は書き手に「当事者」と「伝達者」の二つの役割があることを認識する。単に自分の共感者というだけでなく、それを活字にして社会に役に立つものにしてくれる伝達者だと受け止めるのだ。それが自身の体験をバトンのように書き手に託そうという動機になる。

空間がインタビューの質を左右する

インタビューを成功させるためには、アプローチ同様に「場所の選定」も大切な作業だ。一般的には、取材依頼をする際に、相手に希望の場所を指定してもらうことになる。相手によって話しやすい場所は異なるため、選んでもらった方が結果的にうまくいくことが多い。

定番の場所は、相手の職場、自宅の近くのカフェやレストランなど。周囲に聞かれてはまずい話をする場合は、書き手の側からカフェの個室、貸し会議室、カラオケ店の個室、居酒屋の個室などを提案するくらいの気遣いはしたい。

もし可能なようなら、家など相手のプライベートを垣間見られる場所で会えないかと打診してみよう。取材依頼の際に、さりげなく「差し障りなければ、ご自宅まで伺うこともできます」と伝えると、意外に承諾してもらえる。外だと近所の人や知人の目が気になるので、家の中の方が安心するという人は少なくないのだ。

家などプライベート空間でインタビューをする目的は、会話だけでは得られない情報にアクセスするためだ。仏壇に新興宗教の御札が飾られていた、テーブルに精神疾患の薬が山づみにされていた、生活保護世帯なはずなのに高級ブランド品が大量にあった……。そうした生活に根付いた細かなことが、後でテーマの核心につながる。

高校生以下の未成年にインタビューをする時は、一対一より、同級生など関係者（大人は除く）を3～5人集めて話を聞いた方がいい。子どもは大人に対して物事を整理して話をするのが苦手だが、何人かで集まってワイワイと意見を出し合っているうちに、新しいエピソードが次々と出てきたり、意見がまとまったりすることがあるからだ。この場合は、学校の教室や公園やフードコートなど、彼らが日常的に出入りしていて安心できる場が妥当だ。ただ、6人以上になると収拾がつかなくなるので人数は調整しよう。

また、公務員——官僚、裁判官、自衛官、警察官、自治体職員、教員など——は、勤務先の窓口を通して取材依頼を受け付けるので、取材場所を職場に指定されがちだが、同僚の目があるために、彼らが語る情報は限られたものになる。こういう場合は、職場を指定されても、「現場を案内してくれないか」などと口実をつけて職場の外へ連れ出し、そこで話を聞いた方がいい。外に出た途端にペラペラと話しはじめることが少なくない。

別の理由で、同じように生活圏内から離れて話を聞くべきなのが、暴力団組員、半グレ、ギャングといったアウトローの人たちだ。時にはホスト、ホステス、モデルといった人たちもそれに含まれる。

どうしてなのだろう。

暴力団組員、半グレ、ギャングなどは、幼少期には貧困や差別や虐待といった逆境体験をしているが、そこから腕力と度胸で成り上がって、裏の社会で一つの地位を築いた人たちだ。

それゆえ、彼らは人からよく見られたいという〝虚栄心〟が人一倍強い。

彼らがブランドの服や高級車で飾ったり、二言目には喧嘩自慢をしたりするのはそのためだ。「抗争で100人の敵の中に、1人で切り込んで壊滅させた」なんて嘘っぽい話を臆面もなく語る中高年がいるのは、アウトローの世界くらいだろう。ホスト、ホステス、モデルといった外見の美を生活の糧にしている人たちも虚勢を張る傾向にある。

こうした人たちは、インタビューを受ける際に、自分のテリトリーに書き手を呼び寄せたがる。愛人が働くクラブ、先輩や後輩が経営するバー、暴力団御用達の焼肉店といった場所だ。

彼らがそうした場を指定するのは、知人にインタビューを受けている自分を見せつけたいからだ。そのような空間では、彼らは知人の目を気にして、あることないこと語って自分を大きく見せようとする。単なるビッグマウスの自慢話になってしまえば、インタビューは大失敗だ。

これを踏まえ、彼らに話を聞く時は、次のことに配慮しよう。

・相手のテリトリーから離れた空間に連れ出し、外部の目を完全に遮断し、一対一で話をすること。

・インタビューの時は着る服から使う用語まで、書き手があらゆる面でその人とは別の価

値観を持っていることを示すこと。

・相手に教わるという態度を保ちつつ、絶対に隙や弱みを見せないこと。

テリトリーの中で、彼らが集団心理に突き動かされると、過度に格好をつけたり、人に危害を加えたりするようになる。

だが、**彼らをテリトリーの外へ連れ出し、取材する側とされる側として一対一で向き合えば、彼らの虚栄心は消え去り、意外なほど一人の人間にもどる。**仲間の前で悪ぶる必要もないので、書き手に危害を加えるようなことはしない。

これは海外の取材であっても同じだ。戦場で「殺人マシーン」として名高い少年兵ですら、カラシニコフを置いて、誰もいないところで一対一になれば、「ママが恋しい」と涙ぐむ一人の少年にもどる。人が自分を偉く見せよう、強く見せようと考えるのは、同じ価値観を共有する仲間の目がある時だけなのだ。

注意しなければならないのは、アウトロー相手の取材では絶対に隙や下心を見せないことだ。彼らはこれまでの生き方から、相手の下衆《げす》な弱みを見つけると、つけこもうとする。もはや本能みたいなものだ。

書き手が一言でも「昔、大麻をやったことがあるんですよ」とか「出会い系で知り合った少女にだまされて大金を奪われたんですよ」などと言えば、彼らはたちまち悪人面になって身を乗り出し、「大麻リキッドあるけどやる?」とか、「中学生の家出少女とか興味あればここに呼びますよ」と言ってくる。そうなると、彼らと書き手の関係は、捕食者と獲物の関係でしかなくなる。

これは企業や政治の取材にも通底することだ。利益供与に乗った書き手が、相手の不正や汚職を暴けるわけがない。取材の時は、相手の友達になるのではなく、書き手という立場で一線を引くことが大切だ。少しでも〝おいしい話〟の匂いがしたら警戒しよう。それを忘れれば、あっという間に足元をすくわれてしまう。

「聞く力」から「聞き出す力」へ

インタビューの場所の選定がうまくいき、開始5分で相手の心をつかむことに成功したとする。だが、これで一安心、というわけにはいかない。

会話は〝生き物〟だ。書き手が何も働きかけなければ、相手は徐々にこんなことを話していいのだろうかと不安を抱くようになる。インタビュー中、それを防ぐために、書き手は相手に対していろんな働きかけをしなければならない。

インタビューというと、書き手が黙って相手の話を聞くイメージがあるが、本当に優秀な聞き手は、合間合間でさりげなく自分の話をすることが驚くほど上手だ。話の節々で己の生々しい体験を言葉にして挟むことによって、会話の炎に薪をくべるのだ。
スムーズに聞き出すためのポイントを二つ挙げよう。

1　自分の弱さを語る——相手は強い人間より弱い人間に共感を抱いて話をする。

2　相槌に驚きと発見を込める——決めつけをせず、素人目線の驚きを相槌で表現する。

優れたノンフィクション作品は、登場人物の弱さを浮き彫りにしている。その人特有の弱さではなく、万人が持つ人間としての脆《もろ》さが克明に描かれているからこそ、読者は登場人物に共感し、心を揺さぶられるのである。

その見地に立てば、書き手はインタビューによって、相手の人間としての脆さがわかるエピソードを聞き出したり、見いだしたりしなければならない。それこそが人物描写を奥行きのあるものにするからだ。

『日本を捨てた男たち』（水谷竹秀）という本がある。日本社会からドロップアウトするようにフィリピンに渡ったものの、そこでもつまずいてホームレス同然になったり、スラムでヒモのような暮らしをしたりしている中高年の日本人の実態を書いた作品だ。

この日本人を単純に「自堕落な人間」として描いてしまえば、読者はまったく共感を抱けないだろう。自業自得と考えて切り捨てるだけだ。だが、著者の水谷さんは、彼らの中に様々な人間としての脆さを見いだし、一歩間違えれば誰もがそうなる可能性があるというところまで感じさせる。それゆえ、読者は己をフィリピンで生活困窮する日本人に重ね合わせ、感情を揺さぶられるのである。

これはあらゆるジャンルのノンフィクションにおいて共通することだ。政治家に話を聞く時も、企業の経営者に話を聞く時も、余命の限られた人に話を聞く時も、人としての脆さがわかるエピソードを相手から引き出さなければならない。

言うまでもなく、短時間のインタビューで、初見の人からそうしたエピソードを聞き出すのは簡単なことではない。ここでしなければならないのが、1の書き手自身がインタビューの端々で自らの弱さを言葉にして伝えることだ。

自分がある出来事から恐れをなして逃げ出したこと、状況に負けて過ちを犯したこと、悩んで下した決断に今なお後悔していること。そういうことを赤裸々に打ち明けるのである。書き手が弱さをさらけだせば、相手も同じように話してくれる。

これは前述の、アウトロー相手に隙や弱みを見せるべきではないという話と矛盾しない。下世話な欲望を垣間見せればマイナスにしかならないが、同じ人間としてのナイーブな胸の内や葛藤を見せることは、相手に心を開いてもらう契機となる。

少し前に、インタビューをはじめてから5分の間に相手に〝当事者性〟を伝えることが大切だという話をしたが、これはインタビューの入り口に限ったことでなく、**折につけて自ら**

の弱さをさらけだして当事者性を示すことが、相手の本音での会話を継続させることにつながるのだ。私はインタビューには「聞き上手な人は、自分の弱い部分を話すのが上手な人」という法則があると思っている。

もう一つ、インタビューの潤滑油として大事なのが、2の「相槌」だ。

仕事の上で他人の話を聞く機会が多い人なら、自然に相槌を打つ癖がついているだろう。ただ、ノンフィクションの取材で会う相手や、インタビューの会話の中身は、一般のそれとは異なり、非常にセンシティブなものだ。

相手が何かしら後ろめたい気持ちを持っていれば、なまじっか罪の意識があるので、書き手の反応にとても敏感だ。書き手が普通に相槌を打っているつもりでも、驚くほど悪く受け取られることがある。

たとえば、取材相手の女の子が暴力団組員の父親に命じられて覚醒剤の運び屋をしていたとか、同じく取材相手の小児性愛者が何百枚という少女の下着を隠し持っていたといった話をしたとしよう。

この時に、書き手が「ああ、そんなことをしてしまったんですね」と言えば、彼らは自分が批判されているように感じるし、「つらかったですね。わかります」と言えば、お前なんかにわかるわけないだろと反感を抱く。かといって、書き手が沈黙すれば、「この人は理解してくれていないんだ」と考えて心を閉ざす。

このようにどんな相槌を打っても、否定的に取られる可能性がある。言ってしまえば、ややこしい、のである。

では、こうした相手にどう相槌を打てばいいのか。私が必要だと思うのが、何かを決めつけるような表現を避け、**素人目線の驚きを示し、そこから「〜を教えてください」という質問をする言い方**だ。

先の例で考えてみよう。

もし女の子が父親に覚醒剤を運ばされたと話したら、「よくそんな隠し方が思いつきますね！　それって別の隠し方もあるんですか」と運び屋としての行為そのものに対する素人目線の驚きを示す。あるいは、小児性愛者が大量の下着を隠し持っていたと明かしたら、同じように「よく奥さんに見つからずに隠せましたね！　他にどういう方法を思いついたんですか」と下着の収集に対する素人目線の驚きを示すのである。

彼らは自分が悪いことをしたとわかっているので、今さら行為をとやかく言われたくないし、同情もされたくない。自分と相手との倫理観の違いだって承知済みだ。だから**通り一遍の相槌を嫌がる**。

では、書き手が、自分の行為に対する純粋な驚きをし、「〜を教えてください」と言ってきたらどうか。相手はそれを聞けば、「この人は知らないんだな。教えてあげよう」「このエピソードに価値があるんだな」と思って、詳しく語ろうとする。

インタビューは、カウンセリングにおける傾聴ではない。彼らは取材を受けると決めた時点で、同情してほしいとか、共感してほしいという感覚をあまり抱いておらず、自分の体験を活字にすることで社会に役立ててほしいと考えている。だからこそ、見ず知らずの人間のインタビューを受けるのだ。

とはいえ、彼らの多くは、当事者であるがゆえに自らのどんな体験にどれだけの価値があるのか確信を持っていない。それゆえ、書き手が好奇心を示して前のめりになれば、彼らは「この話って価値があるんだ」と自信を持ち、積極的に話すようになる。

印象に残っているエピソードを紹介したい。

ある女子少年院へ取材に行ったところ、覚醒剤の使用で逮捕された少女がいた。私は彼女に1時間にわたるインタビューをすることになった。隣には、少女を担当している制服姿の法務教官がいた。

事前に私が法務教官から教えられた話では、彼女は暴力団組員に覚醒剤を教えられ、家出した後、約1年にわたって売春によって覚醒剤を買う金を稼いでいたということだった。だが、インタビューの途中で、少女は「実は覚醒剤だけでなく、コカインもやった」「ヘロインもやった」「咳止めもやってみたけど、こちらはダメだった」などと次々と話しだし、その効力の違いについて詳しく説明した。

インタビュー終了後、法務教官が面食らった顔をし、少女に対して「これまで一度も覚醒剤以外のドラッグを使ってたなんて言わなかったのに、なぜインタビューでペラペラと話したの？」と尋ねた。

少女は苦笑して答えた。

「この人（私）、うちがクスリ（覚醒剤）をやってたって話したら、目をキラキラさせて『クスリやったらそんなに気持ちいいんですか。それって読者もびっくりですよ。他のクスリはどうなんですかね』って言ってくれた。だったら、他の（違法ドラッグ）はもっとヤバイって教えたくなったの。それで私の経験が本になったらガチで面白いじゃん！」

警察や法務教官の質問は、少女の非行事実を確認するためだが、私のは、少女の体験に社会的価値を付与するための質問である。前者では黙っていた彼女が、後者によって自分の体験の価値に気がついて語り出したのは必然といえるだろう。

もう一度述べるが、相手はインタビューの間ずっと同じテンションで何もかも打ち明けてくれるわけではない。投げたボールと同じで、相手の気分も基本的には放物線を描いて落ちていく。書き手はそうならないよう、合間合間に適切な感想や質問を投げかけ、インタビューの熱量を高めていかなければならないのである。

第３章

個の「ストーリー」を共有する

自分自身の常識を覆そう

取材で何に着目するべきなのか

作家がＡＩに取って代わられるかという議論がある。ノンフィクションにおいては、可能性はなきに等しいと思う。

ＡＩが行っているのは、ビッグデータと呼ばれる膨大な情報の収集と整理である。すでに世の中に出回っているニュース記事、ＳＮＳの書き込み、論文など大量の情報を精査し、まとめ上げて形にするのだ。「○○という事件を知りたい」「○○という人物を知りたい」と検索されれば、ＡＩは既存の情報をそれらしく組み立てて文章を作る。

しかし、ノンフィクションが提示しなければならないのは、ＡＩとは異なり、どこにも存在しないストーリーとしての情報である。**マスメディアが作り上げた常識を引っくり返すような事実、あるいはそこにはまったく掲載されていない新しい事実**だ。これまで誰も見つけていなかったストーリーだからこそ、本として１５００円、２０００円の価値が生まれる。

『嫌われた監督』（鈴木忠平《ただひら》）は、プロ野球・中日ドラゴンズの監督を務めた落合博満という人物をテーマにした作品だ。

中日に在籍していた時代、落合監督はマスコミを遠ざけ、周囲からは冷酷かつ面白みのない采配を振るう人物として知られてきた。おそらく中日を退団した頃に生成ＡＩで彼がどんな監督だったかを検索すれば、勝利至上主義のロボットのような監督とされたにちがいない。

だが、著者の鈴木さんは、この世間のイメージとはまったく異なる落合監督像を描いた。

選手を人と思っていないかのように報じられていた非情采配の裏に、落合監督の血の通った温かい思いがあったことを示したのだ。

たとえば、落合監督は故障で3年間一度もマウンドに立てなかった川崎憲次郎投手を、監督就任1年目の開幕試合の先発投手に指名した。怪我は治っておらず、身体的には到底投げられない状態だった。周りも川崎投手が選ばれたことを理解できなかった。川崎投手は覚悟を決めて出場したものの、1回3分の1でノックアウトされる（開幕試合は野手の奮闘によって勝利し、この年のセ・リーグ優勝も果たす）。

当時、この采配が何のためのものだったのか議論が沸き起こり、厳しい批判の声が飛び交った。落合監督自身は直接それを説明することはなかったが、鈴木さんはその裏舞台で起きていたことに着目し、取材によって丹念に探っていく。すると、落合監督がずっと怪我に苦しんできた川崎投手に引退の引導を渡しただけでなく、次のような意志があったことを発見する。

「このチームは生まれ変わらなきゃいけなかった。ああいう選手（※川崎投手）の背中を見せる必要があったんだ。川崎は三年間、もがき苦しんできたんだろ。そういう投手が投げる姿を見て、選手たちは思うところがあったんじゃないか。あの一勝がなければ、その後もないんだ」

つまり、最初の試合で、川崎投手がボロボロになってマウンドに立つ姿を、チーム全員に見せることによって士気を高めようとしたのだ。そして落合監督はシーズンの最後に川崎選手の引退の花道を用意していたのである。このストーリーに触れて初めて、読者は落合監督のイメージを覆される。

このようにノンフィクションの取材で行わなければならないのは、まだ一般の人には知られていない新たなストーリーを掘り起こすことなのである。この点において、ノンフィクションはＡＩに取って代わられることのないものだといえる。

下調べのメリットとリスク

世の中に出てきていない情報を、取材によって掘り起こすためにはどうすればいいのか。取材の準備の基本は次の三つのステップを踏むことだ。

1　下調べ
2　取材対象の選定
3　質問の作成

図6　取材の準備、三つのステップ

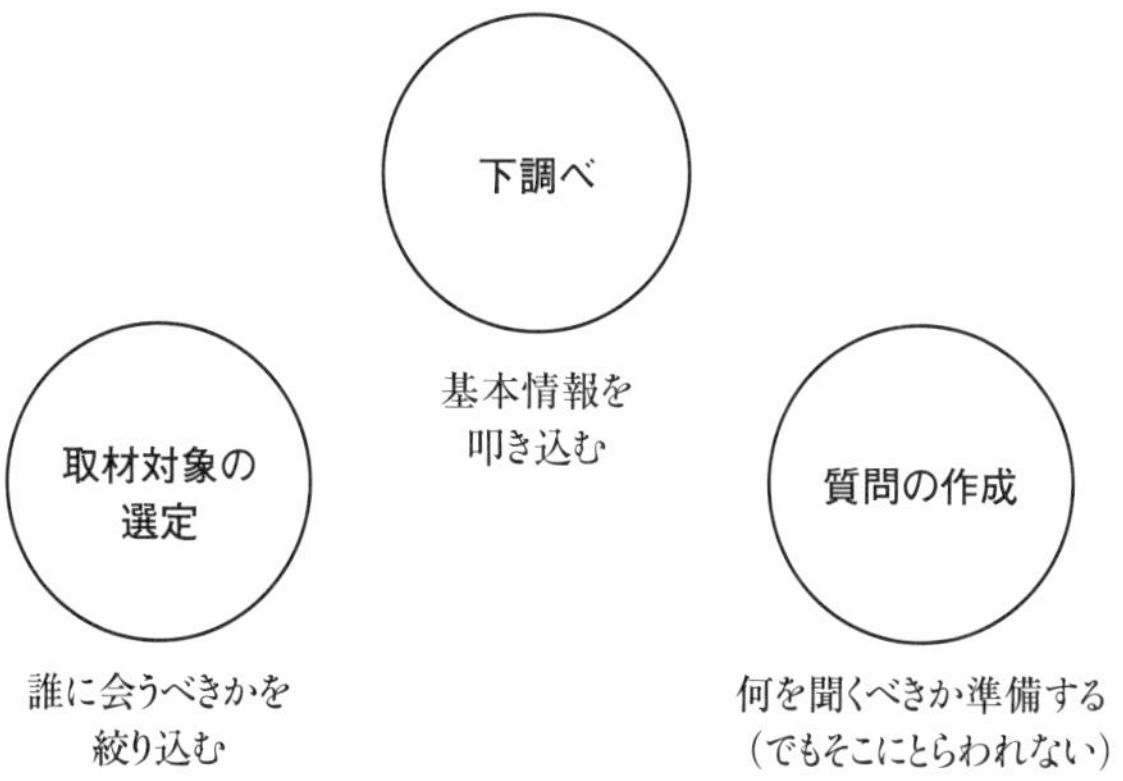

最初に書き手は書籍、メディアの記事、論文など信頼できる文献を片っ端から当たって頭に基本情報を叩き込まなければならない。ネットの記事に関しては、間違った情報も多いので、出典を確認した上で参考にするかどうかを決める必要がある。

下調べを十分にやっておけば、書き手の頭の中では何を掘り下げるべきかがはっきりとしてくる。『嫌われた監督』なら、落合監督が監督在任期間にどのような采配を行い、いかなるコメントを発して、関係者がそれをどう批判してきたのかを把握することによって、「ここが非情采配と言われて批判が殺到したところなので、関係者に会ってその真意を確かめよう」と考えられるだろう。

ここまでくれば、書き手は取材で誰に会って何を聞けばいいのかが明確になる。川崎選手に会って、落合監督からどのように開幕投手を指名されたのか、それについて何を思ったのか、その後落合監督から何を言われたのかを尋ねればいいという具合にだ。そして実際のインタビューの中で、世間一般で言われていたものとは異なる事実が出てきた時、書き手はいわゆる「特ダネをつかんだ」と認識し、それをテキストに落とし込む。

こうした方法は、よく言われる取材の基本であり、実際の取材もほぼこの手順で行われる。本書ではそのことを大前提にした上で、難易度が少し高いが、特定の取材において効果的な別の方法を紹介したい。

下調べをあえて適度な量に抑えて取材に挑むやり方である。下調べをサボってやらないのではなく、テーマに合わせて頭に入れる情報を限定するとか、調べたことを一旦捨て去るということだ。

これは、下調べで得た情報が取材の足かせになるのを避けるために取る手法だ。なぜ、下調べが、書き手の取材にとって邪魔になるのだろう。

一般的に、下調べで得られる情報は、書き手にとっては取材を進める上での貴重な「基礎知識」や「羅針盤」になる。こういう事実があり、こういう人がいるから、そこにアプローチをしようと考えられる。

だがそうすることで、**下調べで得た情報に囚われすぎて、知らず知らずのうちにそれをな**

ぞるような取材をしてしまうリスクがあるのだ。

たとえば、「新型コロナウイルス」のようなマスメディアによって今までに散々報道されてきたテーマを取材するとしよう。書き手は下調べによって膨大な情報を手に入れられるので、それを元に取材先や質問を考える。予防接種における健康リスクならこの先生に聞こう、企業の風評被害ならこの社長に聞こうと計画を立てる。

果たしてこうした取材によって、新しい情報が得られるだろうか。下調べで知った情報の再確認や詳細の把握はできるだろうが、今まで誰も聞いたことがないような独自の情報を手に入れられる可能性は低い。誰かがアプローチしたのと同じ人に、同じ話をなぞって取材しても、既存の情報以上のことは出てこないからだ。

また、インタビューの際に、相手が既存の情報を覆すようなことを話したとしても、たくさんの情報を頭に叩き込んでいるがゆえに、それをつい聞き流してしまうといったことも起こりうる。

ある研究者が「コロナウイルスは中国の武漢が発祥の地とされているけど、実は××という説もあるんだよね」と言ったとする。だが、書き手が武漢だと信じて疑っていない状態にあれば、「そんなデマを言ってる人がいるんだ」と聞き流してしまうだろう。「誰が××って言ったんですか。根拠はあるんですか」と掘り下げようとはしない。

ノンフィクションの取材において、こうしたスタンスは致命的だ。すでに述べたように、ノンフィクションの意義は既存の情報を覆したり、まだ人が踏み込んでいない空白地帯を見つけたりすることだ。取材の中で未知の事実に接したら、身を乗り出して「そんな説があるんですか。もっと詳しく教えてください」と即答できなければ、実りある取材にはならないし、作品も優れたものにはならない。

くり返すが、事前にたくさんの情報を頭に叩き込むことが悪いわけではない。その情報に必要以上に囚われ、誰かがやったことをなぞるような取材をしたり、固定観念から離れられなくなったりすることがあるなら、情報のインプットを適度に制限することも必要だということなのである。

ちなみに、同じノンフィクションであっても、サイエンスノンフィクションや歴史ノンフィクションでは、下調べによって膨大かつ正確な情報を頭に叩き込まなければならないので、この方法論は当てはまらない。テーマによってやり方はそれぞれだということを覚えておこう。

ノンフィクションにおける「点と線」

優れたノンフィクションは、読者が想像もしなかったような世界を浮き彫りにする。そうした知られざる現実を明らかにするには、白紙に地図を一から描いていくような取材をしていかなければならない。

災害、事件、事故など一過性の出来事に大勢のメディアが殺到して次々に情報を流しているような、周知の事実をテーマにして取材をする場合、私は次の二つの工夫をしている。

・下調べは、時系列を記した「年表」を作成する程度に留めておく。

・あえてインタビューの質問を事前に細かく用意しない。

下調べは年表を作る程度にするということから考えていこう。

先述のように、テーマによっては、メディアによって流布されたニュースを入れすぎると、書き手の思考がそれに縛られてしまう危険がある。しかし、まったく情報を持たずに行けば、暗中模索の状態に陥って何をすべきかがわからなくなる。そこで、私は、この種の取材では、テーマに関する箇条書きの年表を作ってから挑むことにしている。

事件の取材であれば、「〇日、A氏行方不明」「〇日、家族が捜索願い」「〇日、遺留品発見」「〇日、目撃者現れる」など時系列順に記した年表を作成し、取材ノートと一緒に持ち歩くのである。調べようとしている出来事に大勢の人間が複雑にかかわっている場合は、人物の相関図を作るのも有効だ。

年表に記されている出来事は、客観的な事実にすぎない。先ほどの地図にたとえれば、白紙におけるいくつかの〝点〟のようなものだ。**点に何の意味があるのか、点と点がどうつながるのかは、すべて独自取材によって明らかにしていく。**そう意識させることで自分にしか描けない地図を作り上げるのだ。

年表を用意しておくと、インタビューの効率もかなり上がる。書き手の頭の中が整理されるだけでなく、インタビューを受ける当事者は、思いのほか時系列をきちんと把握していなかったり、記憶があっちこっちに飛んでいたりすることが少なくない。当事者であるがゆえに、事実の俯瞰や客観視ができていないのだ。そのため、年表を前にして話をしてもらうと、相手がそれを元にして思考を整理したり、新たな発見をしたりすることがよくある。資料を提示することにも同じような効果が見られる。

ちなみに、事前の下調べを一定程度に留めるとはいえ、最後まで情報をシャットアウトするというわけではない。取材が一通り終わって、白紙の点と点とがつながって一本の線になったと思えた時点で、改めて文献やメディアの報道に細かく目を通す。もし独自取材では拾い切れていなかった情報があれば、その時点で改めて補えばいい。

自由な発言に潜む意外性こそが鉱脈

次に、インタビューの質問を事前に細かく決めないことについて考えていこう。

取材の前に、ノートにびっしりと質問事項を用意している人がいる。必須の質問であればいいのだが、世間にある程度の情報が広まっている事実の取材で、既存の情報から導き出した質問をすると、「報道にはこうありますが、真実でしょうか」という情報の再確認を目的としたインタビューになりがちだ。それでは白紙に地図を描く取材にはならない。

では、何を聞けばいいのか。

これを考える前に、まず本を読む読者の立場になって考えてみてほしい。ノンフィクションで登場人物が語る言葉や事実を読んでいて、もっとも心を揺さぶられるのはどういう瞬間だろう。

それは活字を読み進めていく中で〝意外性〟のある事実に出くわし、それがどんどん掘り下げられていく過程ではないだろうか。**自分が思っていたことがまったく違っていたとか、予想もしなかった事実が出てきたといった驚きや発見こそが、読者が期待する内容**なのだ。ならば、書き手はインタビューを通して、そうした意外性のある新しい事実の発見に注力するべきだ。この点において、私は質問の仕方にこだわっている。次のような問い掛けを意識しているのだ。

「世間ではあの事件についてこう考えられて（報じられて）いますよね。正直なところ、あなたは、それについてどうお感じになりますか」

何気ない聞き方だが、ここには二つのポイントがある。一つが、世間の常識（メディア報道）に対する反論を尋ねている点だ。こういう聞き方をすれば、常識や報道とは対極にある情報が出てくる確率が高まる。

二つ目が、事実の確認ではなく、相手の感情を聞く質問である点だ。人は「この情報は正しいですか」と聞かれれば、事実に即して「正しいです」としか答えようがないが、こう尋ねられれば、「事実だけ見れば正しいけど、実はこんなこともあった」とか「世間の人の気持ちはわかるけど、私はこう感じる」と枠に捕らわれない回答をするものだ。

このようにして相手の話の中に意外性という鉱脈を見つけたら、即座にそれを掘り下げていくべきだろう。事前に用意していた質問をすべて脇に置いて、どうしてその意外性のある展開が生まれたのかと一点集中で聞くのだ。

私が事前にインタビューの質問を細かく決めすぎないようにした方がいいと述べたのはそのためだ。事前に質問をすべて固めれば、インタビューの時間内に用意していた質問の回答を得ることがマストになりがちだ。質問を用意するのは悪いことではないが、意外性を見いだした時は、用意していた質問を大胆に捨て去る勇気も大切なのである。

ちなみに、書き手が意外だと感じても、他の人にとってはそうではない可能性もある。それが万人にとっての意外性なのかを判断するには、次の二つを条件にするといい。

〈世間の常識を覆しているか〉

〈誰も知らない事実か〉

このどちらかの条件を満たしていれば、ノンフィクション作品として堪えうる新事実であるといえる。

取材によって自分の価値観を破壊する

相手の話の中から、意外性を見つけ出すのは、容易なようでいて難しい。目の前に想定外の事実が現れても、〝ある理由〟から咄嗟に目を逸らして見て見ぬふりをしてしまうことがあるためだ。

重要なことなので、なぜそんなことが起こるのかのメカニズムを見ておきたい。私の体験から一つ例を出そう。

私は20代の頃、インドのムンバイという町のストリートチルドレンを数年かけて追いかけていたことがあった。親を失ったり、虐待を受けたりして家を離れ、路上で生活している子どもたちだ。

このストリートチルドレンの中に、障害のある物乞いの一群がいた。腕がない子、顔に火傷を負っている子、失明している子などだ。彼らはそろって物乞いによって、他の子よりたくさんのお金を稼いでいた。

インドでは、貧しい者への喜捨（お金を恵むこと）は、宗教的な功徳をつむことになると信じられており、ストリートチルドレンや高齢者にとってのセーフティーネットになっている。ムンバイのような大勢の物乞いがいるところでは、物乞い同士の競争も激しく、外見が哀れな人にたくさんの金が集まる。そうしたこともあって、障害のある子どもたちが喜捨を受けることにおいて有利だったのだ。

現地のガイド兼通訳を雇って調べてみたところ、私は子どもたちが地元のギャングによって人為的に障害を負わされていることを知った。当時のインドは現在よりもずっと貧しく、末端のギャングは日々の食事にも事欠いていた。そのため、ストリートチルドレンをさらってきて体を傷つけ、住処《すみか》で共同生活をさせる代わりに、日中は路上で物乞いをさせていたのである。

私はつてをたどって、子どもたちと接触することに成功した。ある日、子どもと個別に話をする機会があったので、私はギャングやアジトでの暮らしについて何を思うかを尋ねた。

この時点で、私は子どもがここから解放され、安全なところで生活したいと答えるだろうと想定していた。しかし、返ってきたのは次のような言葉だった。

「あの人（自分を傷つけたギャング）は、僕のお父さんみたいな人だよ。すごく優しくて頼りがいがある。ずっと一緒にいたい」

あまりに意外な返事だった。ギャングは幼いこの子をさらってきて障害を負わせ物乞いをさせているのである。稼いだ金はすべて取り上げられ、実質的な監禁状態に置かれていて、奴隷同然だ。それなのに、なぜギャングの存在をここまで肯定するのか。

正直にいえば、私はこの回答が受け入れがたく、発言そのものを否定しようとした。ガイドの通訳が間違っているのではないだろうか、この子には知的障害があるのではないだろうか、ストックホルム症候群（加害者と長い時間を共有することで好意を抱く倒錯した精神状態）ではないだろうか……。事実を受け入れるのではなく、理由をつけて自分が納得しやすい筋書きに落とし込もうとしたのである。

だが、何度尋ねても、他の子に同じ質問をしても、返ってくるのは同様の答えだった。仕方なく、私は覚悟を決めて、その意外な回答を掘り下げ、なぜこの子がそう考えるに至ったのかを確かめてみることにした。

本人や周りの人たちの話をまとめれば次のようになる。

その子は物心つく前からストリートチルドレンとして物乞いをして暮らしていた。道行く一般人たちは彼のことをばい菌のように見なし、避けて通ったり、嘲笑ったり、追い払ったりした。彼は誰からも「人」として見なされてこなかった。

ギャングはそんな子をさらって障害を負わせたが、同時に自分のアジトに住まわせ、衣食住の面倒をみた。毎日一緒にご飯を食べ、ボードゲームをし、読み書きを教え、夜になれば添い寝してくれる。子どもにとっては人間として向き合ってくれる唯一の大人だった。

こうしたことから、この子は町で自分を避ける一般人より、ギャングに対して親近感を抱くようになった。それで彼はギャングを父親のように慕い、ずっと一緒にいたいと語ったのである。

このようにしっかりと掘り下げてみれば、子どもが自分を傷つけたギャングを「優しい」と語った背景がわかる。にもかかわらず、なぜ当初、私は意外性を掘り下げずに拒絶しようとしたのか。

とどのつまり、自分の常識や価値観が覆されるのが怖かったのだ。人は誰しも自分の倫理観を正しいものと考え、それを覆されることを嫌う。だから、自分の意にそぐわないものを受け入れようとしないのだ。

だが、書き手にとってこの思考はご法度だ。絶対にやってはならない。**取材は自分の価値観を裏付けるものではなく、むしろ破壊するために行うものだという覚悟を持たなければならない。**自分の常識や価値観を壊すために、インタビューをするべきなのである。

その心構えができれば、書き手は意外性と遭遇した時、真っすぐにその展開を受け入れ、深掘りしようと考えられるはずだ。

大ストーリーを構成する複数の小ストーリー

取材によって明らかになった事実の中から意外性を見つけ、そこを掘り下げることによっ

図7　大ストーリーと小ストーリーの関係

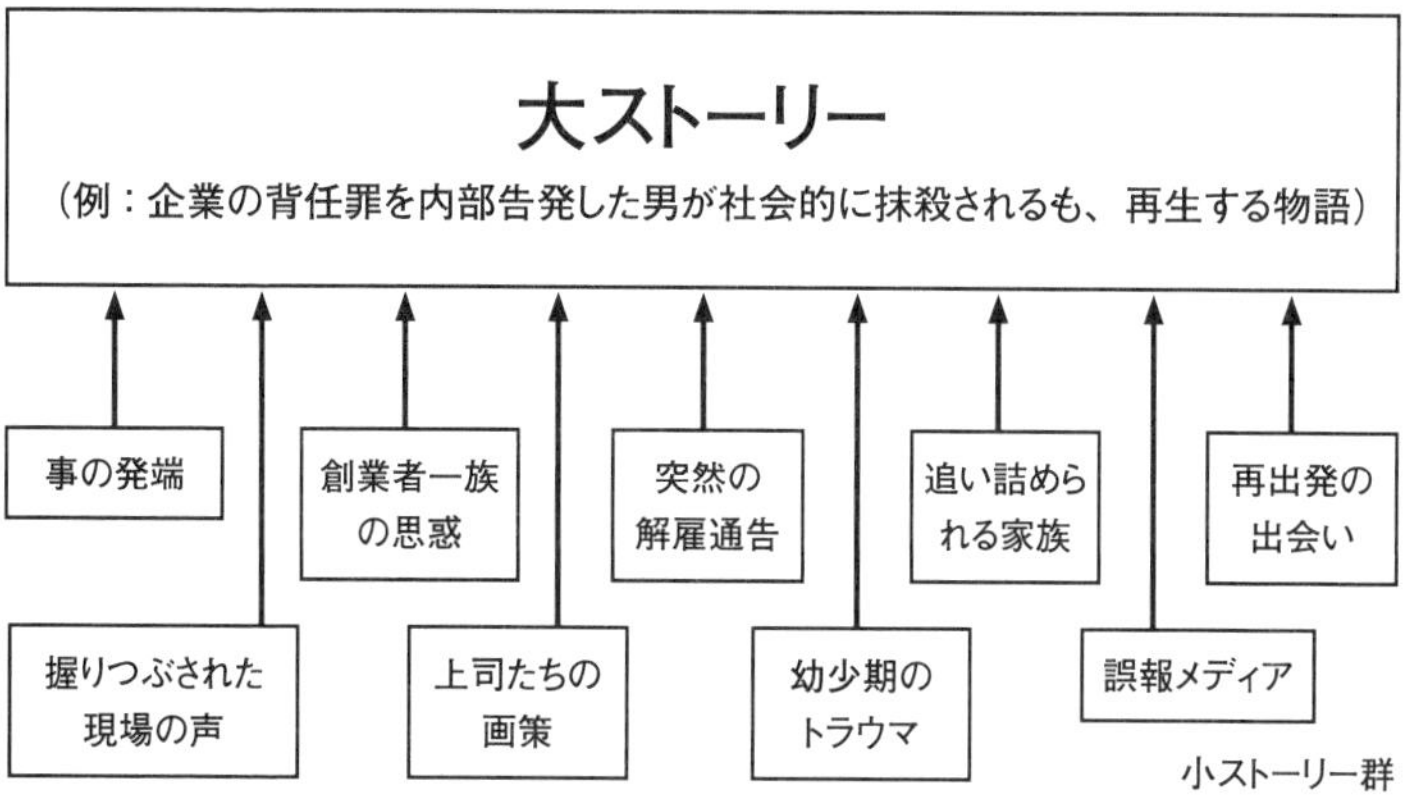

て誰も知らない事実に光を当てる――。

これは本全体の主題について当てはまることだし、章ごとの個別のエピソードについても当てはまることだ。そして私は前者を「大ストーリー（大きな物語）」、後者を「小ストーリー（小さな物語）」と呼んでいる。

本における主題としての大ストーリーは一つで十分だが、章ごと、あるいは小見出しごとの小ストーリーは複数ある。あえていえば、図7のように複数の小ストーリーが大ストーリーを支えているような関係性になっていると考えてほしい。

大小どちらのストーリーにおいても、意外性を見つけて掘り下げることが求められる。そして**ノンフィクションでは深く掘っていくプロセスを、ロジカルに記すのではなく、人間ドラマや社会ドラマとして描き出す**ことが欠かせない。

私がわざわざ「ストーリー」と呼んでいるのはそのためだ。

東京都知事を務める小池百合子の学歴詐称を告発した『女帝 小池百合子』（石井妙子）というノンフィクション作品で考えてみたい。

小池都知事は兵庫県芦屋市の裕福な家庭の長女として生まれ育った。英語が得意で、関西学院大学へ進学したものの、数カ月で中退。その後、エジプトの首都カイロへ留学した。数年後、彼女は「カイロ大学を首席で卒業」の経歴を引っ提げて、日本のメディアに颯爽と登場する。カイロ大学はエジプトのみならず、アラブ地域でも屈指の名門大学だ。そこを首席で卒業となれば、日本人初の快挙である。

メディアはそんな彼女をもてはやし、国際派の若手女性としてニュースキャスターに抜擢した。一躍「時の人」となった彼女はテレビや雑誌で活躍した後、抜群の知名度を生かして国会議員として国政に進出する。そして、その時々の権力者ににじり寄り、環境大臣、防衛大臣等を歴任した後、都知事となって都政の頂点に君臨するのである。

この本全体の大ストーリーは、小池都知事の最大の武器だった学歴が虚偽であることを告発するものだ。大臣経験のある現役の都知事が学歴を詐称していた事実は、誰にとっても意外性のあるものだろう。マスメディアの報道であれば、学歴詐称の証拠を集めて裏付けを取れば十分に役割を果たしたことになる。

だが、ノンフィクションではこれだけでは不十分だ。大ストーリーと同時に、複数の小ストーリーを人間ドラマとして描いていかなければならない。この本の場合、小ストーリーとは次のようなものだ。

芦屋のお嬢様がなぜ日本の大学を中退してエジプトの大学へ留学したのか、彼女の本当の大学生活とはどのようなものだったのか、いかにして本当の過去を抹消したのか、学歴詐称の結果として彼女が何を得たのか、どう政界で成り上がったのか……。

大テーマの中からこうした複数の意外性を見つけ、それぞれを深掘りしていくことで小ストーリーをドラマとして作っていく。それらが大ストーリーに収斂されるからこそ、「人間・小池百合子」を描き切ったことになるのだ。

相手と同じ目線で世界を見る

取材で相手の言葉の中から意外性を見つけ出し、その因果関係を掘り起こすことによって小ストーリーを導き出すことが、非常に大切であることはわかっていただけたと思う。

私が小ストーリーを探し出そうとする際に、毎回自分に言い聞かせている言葉がある。

「相手と一体化し、その人の目線で世界を見ろ」

学校の人権教育の授業などで、車椅子に乗って障害者の視点で物を見るといった体験をした人は多いだろう。健常者にとっては特に不自由のない社会であっても、車椅子に乗って障害者の目線に立った途端、アスファルトの小さな凸凹《でこぼこ》が気になったり、棚の荷物に手が届かなかったりする。

取材においても、同じことが当てはまる。いくら書き手が相手に寄り添っているつもりでも、書き手の視点に立っているうちは、相手の目に映っている世界は見えてこない。それゆえ、話を聞いている間は、相手の内面と一体化して、同じ目線で世界を見るようにしたい。それが小ストーリーをよりリアルなものにする。

これを、さらにもう一段深いレベルで実践しているのが、鈴木大介さんだ。

鈴木さんは、長年にわたって非行に走った少年少女に話を聞いてルポとしてまとめてきた。その彼が集大成として書いたのが『最貧困女子』だ。売春業で働きながら、貧困の泥沼から抜け出せない女性たちに光を当て、その背景にある問題を明らかにしたのだ。

これまでこうした女性たちは、社会から「自己責任」「怠慢」「浅はか」として見向きもされなかった。彼女たちが物欲や性欲に負けてそうなったのだとか、運が悪かったのだと片付けられてきたのである。

だが、鈴木さんはこの本でそれを引っくり返した。彼女たちが三つの無縁（家族、地域、制度の無縁）に加えて、三つの障害（知的、発達、精神障害）を抱えていることを明らかにし、それが売春や貧困といった境遇に陥っている要因だと指摘したのだ。彼女たちの目線に立ち、環境の悪さと障害が重なった時、どのように社会のどん底に転がり落ちていくかを浮き彫りにしたのである。

この本は鈴木さんが最貧困の女子の目線で見える困難を活写したことで、非常に説得力のある内容になっている。そして、数年後、鈴木さんは思いがけない出来事によって、最貧困女子の目に見える世界の解像度をさらに高めることになる。

鈴木さん自身が41歳で脳梗塞による高次脳機能障害になったことで、彼女たちの生きづらさをわが身に置き換えて理解することができるようになるのだ。脳が正常に機能しないことが、どれだけ日常生活に支障をきたすのかを肌身で感じ、それこそが最貧困の女性たちの苦悩であることを明確にしたのである。

このあたりの話は、『脳が壊れた』『されど愛しきお妻様』に詳しく書かれているので読んでいただきたい。鈴木さんの一連の仕事を見ていると、取材した相手と同じ目線でものを見るとはどういうことなのか、自分の目に映る世界を疑うとはどういうことなのかという本質を深く考えさせられる。

鈴木さんはルポとしてこれらの本を書いているが、似たようなテーマでインタビュー集という形式で出したのが、永沢光雄さんだ。代表作『AV女優』は、当時30代の永沢さんが、1990年代にAV女優をしていた20歳前後の女性42人の話を聞いたインタビュー集である。

当時のアダルトビデオ業界は今よりずっとブラックな業界であり、プロダクションに暴力団組員がかかわっていたり、強制出演が横行したりしていた。女優がタレントになるような道はほとんどなく、蔑まれて当たり前といった空気があった。

そうした劣悪な業界に、なぜ20歳前後の人目を引くような容姿の女性たちが身を投じるのか。永沢さんはその意外性の背景にある小ストーリーを、彼女たちのライフヒストリーを聞くことで明らかにしていく。

彼女たちの口からは親からの虐待、恋人との死別、レイプ、借金、違法薬物といった、にわかには信じ難い残酷な過去が淡々と語られるが、永沢さんはどこまでも彼女たちの目線に立ってその小ストーリーを浮かび上がらせる。

作中に時折〝オヤジ目線〟が入り込むことがあるのはポルノ雑誌の連載企画だったためだが、それ以外は彼女たちの目線に徹している。相手の目線に立つだけで、ここまで小ストーリーがピュアに伝わるのかとわかるので、参考にしてほしい。

相手との距離感

取材をする相手と同じ目線で物を見るという話のついでに、「距離感」のことにも触れておきたい。

ニュー・ジャーナリズムのところで述べたように、マスメディアには、記者は相手と一定の距離を置いて、客観性を維持しなければならないという暗黙のルールがある。一方、ノンフィクションはそうしたしがらみからは自由だ。距離感は千差万別でいい。

ノンフィクションの書き手の中でも、『鬼の筆』などの著作のある春日太一さんは、マスメディアの出身者ではないにもかかわらず、意識して対象との距離を置いているように感じる。時代劇の俳優や昔の映画の世界をテーマにしていることもあるが、春日さん自身はストーリーの語り手、あるいは分析者に徹して、相手と一定の距離を保ち、エピソードに影響を与えるような言動をすることはない。

他方、ブレイディみかこさんは、もともと距離が近い相手を対象にして本を書いている。『ぼくはイエローでホワイトで、ちょっとブルー』は、イギリスの底辺中学に通う息子が様々な人種や格差を目の当たりにしながら成長する過程を描いた作品だ。母親が息子を通してイギリス社会を見る、成長を見つめるという点において、距離感はかなり近い。

このように書き手によって距離感は様々なのだが、本来的には、書き手は**作品によって取材相手との距離感を変えていくべき**だろう。テーマによって距離を置いた方がいい場合もあれば、反対に縮めた方がいい場合もあるからだ。

私の作品でなら、難病の子どもの短い人生を支える施設の成り立ちをテーマにした『こどもホスピスの奇跡』は、マスメディアの記者と同じくらい取材相手との距離を取っている。余命宣告された子どもの人生や、それを支えようとする人たちに、第三者の私が下手に介入するより、遠くから彼らの営みを観察するように描いた方がいいと考えたからだ。

反対に、アジアの障害者や物乞いをテーマにしたデビュー作『物乞う仏陀』では、相手と寝泊まりを共にすることで距離を縮めようとした。世界の絶対的な貧困、絶対的な不条理を読者に伝えるには、わが身を貧困のどん底に投げ込み、そこで感じることを描写する方が有効だと判断したためである。

書き手が作品によって相手との距離感を自在に操れるようになれば、作品の幅も広がっていくはずだ。

表現が得意な人と不得意な人

取材で会う相手には、自身の体験をストーリー仕立てで話すのが得意な人とそうでない人がいる。

政治家やタレントや芸人や大学教授など、普段から人前で話をしたり、自己分析をしたりしている人たちは、自分の持つ小ストーリーを言語化するのが得意だ。書き手が話の中に意外性を見つけてちょっと質問を投げかければ、彼らは頭をフル回転させて話芸のようにスイスイと語ってくれる。書き手はそれを正確に記録すればいい。

しかし、取材で当意即妙な回答をしてくれる人はさほど多いわけではない。一般人に関しては、3割くらいではないだろうか。残りの7割は質問に答えることはできても、自己分析が深くなされていなかったり、適切な言語で表現できなかったりする。

東日本大震災の取材をしていた時、被災した高齢の漁師とこんな会話があった。


――津波はどのように来たのですか。

「ブワーッと来て、ザーッて感じだべ」

――高さとか勢いはどうでしたか。

「何でもかんでもバーッてなった」

――奥様が流されたのを見られたんですよね。その時のお気持ちは？

「あららだよ」

――助けようとしても助けられなかったんですよね。

「だからマジであららだよ」


この漁師は、10代の頃から半世紀近くほぼ独りで海の上で生きてきた。仕事中に話す相手はおらず、趣味は帰宅後に家庭菜園で野菜を育てるくらいだ。

このような生活の中では、日常の中でその日起きた出来事を細かく言葉で他者に説明したり、自分の感情を言語化したりする機会があまりない。だから、いざインタビューを受けても、こうした粗い言葉での受け答えになる。

テレビの取材であれば、こういう表現は臨場感を伝える効果があるが、活字メディアではそうではない。せっかく重大な経験を語ってもらっているのに、表現力が乏しいせいで一行も使えないということが起きてしまう。

また、生まれ育った環境によって、**言葉を奪われている人たちもいる**。家庭で児童虐待を受けて育った人たちが典型だ。

彼らは幼い頃から心の中に悲しみや痛みを抱えて生きてきたせいで、自分の内面を見つめることを本能的に避ける。そこから目を逸らすことが、つらい現実をサバイバルする術になっていたのだ。彼らは大人になっても、自分の気持ちと向き合うことを拒絶する。

そういう人たちは、インタビューで現実を突きつけられると、二通りの反応をする。何を聞かれても「わからない」と答えるか、ただ相手の言葉に同意するかだ。

少し前に見たテレビのドキュメンタリー番組で、父親から虐待を受けていた青年に記者がインタビューするシーンがあった。二人のやり取りはおおよそ次のようなものだった。

――虐待はやっぱりつらかった?

「まぁ、一応」

――お父さんのことどう思ってる?　会いたくない?

「そうっすね」

――児童養護施設はどう？　みんな優しい？

「そこそこっす」

――支えてくれる人がいると心強いよね？

「そうかもしれません」

記者は青年から言葉を引き出しているつもりかもしれないが、青年自身はまったく自分の内面と向き合っていない。何も考えず、単に記者から投げかけられた言葉に同意しているだけ。これは本心から発せられたものではないので、小ストーリーにはなりえない。

共同作業としての言語化

無名の一般人を取り上げる取材では、こうしたことが頻繁に起こりうる。彼らを相手に、どのように取材を進めればいいのか。アプローチの方法を三つ紹介したい。

1　相手が自己分析せざるをえない質問をする。

2　意識して反対の感情を言葉にして投げかける。

3　相手の行動を間近で観察して小ストーリーを明らかにする。

1については、93頁の質問の仕方の応用バージョンだ。書き手が相手に対して、その行為は一般的ではないと指摘した上で、その動機を確認するのだ。

たとえば、東日本大震災が起きた後、岩手県の釜石市では廃校になった中学校の体育館が急きょ遺体安置所とされた。多くの遺体が搬送され、そこで身元確認が行われたのである。

遺体安置所では、医師、歯科医、市職員などが手分けして働いたが、その中に30代の歯科助手の女性がいた。彼女は歯科医と共に朝から夕方まで遺体安置所に通い、遺体の口を開き、泥を拭い取り、歯科医の所見の確定を手伝っただけでなく、夜は停電で真っ暗な中で日々の記録をしていた。

私は彼女が自ら過酷な現場へ行って働こうとした動機を知りたいと思って、ストレートに尋ねてみた。すると、彼女はこう答えた。

「先生に『手伝ってくれ』って頼まれたからです」

彼女はたしかに歯科医から頼まれてやったのだろう。だが、これは彼女にしかない小ストーリーではない。なぜならば、同じ被災地に暮らす歯科助手であっても、大概の人は歯科医から頼まれても、即答で引き受けないからだ。

私は質問の仕方を変えてみることにした。

「いくら先生に頼まれても、大抵の歯科助手の方は怖がって断りますよね。実際に他の歯科助手の方はやらなかった。にもかかわらず、なぜあなただけは大変な現場に身を置きつづけることができたのですか」

つまり、女性の行動を「普通ではない」と断った上で、彼女だけの特別な小ストーリーについて尋ねたのだ。

すると、彼女はしばらく押し黙って考えてから要因となることをいくつか挙げだした。震災前に離婚して離別した子どもたちの安否がわからなかったこと、親が天理教の分教会を運営しており災害支援チームの隊長であること、今回の震災時も親のチームが遺体安置所に来ていたこと……。これらをつなげて初めて、彼女が遺体安置所で働きつづけた小ストーリーが明確になった。

このように、人は単純に「なぜ」と理由を聞かれただけでは、自己分析して小ストーリーを言語化するまでには至らない。普段はそうする機会がないので慣れていないのだ。

だからこそ、書き手は「あなたは特別なことをしている。なぜあなただけができたのか」と、**その人の特異性を指摘し、そこから一段深めて理由を問いかけなければならない**。人はそのように言われて初めて内面を見つめ、自らの言葉で語りだすのである。

次に2を考えてみたい。これは先の虐待を受けた青年のように、初めから内面を見ることを拒絶する人に対して行う方法だ。

こういう人たちは感情を殺して自分自身と向き合わないようにしている。それゆえ、その感情を刺激することで、自分の内面を語ってもらうのだ。この際に必要なのが、**反対のことをあえて問いかける質問**だ。

　虐待の例で見てみよう。

――虐待はやっぱり慣れるものなんですか？

「そ、そんなわけないじゃないですか。何の理由もなしに殴られて、やめてって言ったら生意気だって言われてより激しくなるんですよ。俺にしてみれば、黙ってサンドバッグみたいに殴られながら、終わるのをただ待つしかなかったんです！」

――虐待してもお父さんはお父さんですから、やっぱり会いたくなるものですよね。

「絶対ムリっす。俺、会ったら殺すと思います。殺さないと俺が俺のこと許せないっすから。でも殺したら、俺が負けになっちゃう。だからその葛藤の中でどう距離を置いていいのか迷っているだけなんです」

――児童養護施設の子ってみんな意地悪でしょ。

「そりゃ、意地悪をされたこともありますよ。でも、彼らは俺と同じような体験をしている子ばかりでした。だから、意地悪をされたとは思えない。きっと俺だって他の子にやっていただろうから」

書き手が相手の気持ちに寄り添って先回りするような質問ばかり投げかければ、相手は自己分析せず、漠然と同意するだけだ。

しかし、意図的に相手の答えに反する問い掛けをすれば、彼らは思考を刺激され、それを否定するために自分の内面と向き合って言葉にする。これが2の方法だ。

注意すべきは、これをあまりやりすぎると相手との関係性が悪くなるところだ。このままでは埒《らち》が明かないとか、どうしてもここだけは聞かなければならないといった場合にのみ、限定的にやるべきだろう。

最後の3は、書き手が取材対象の相手から言葉を引き出すのではなく、言動を観察することで本音を見いだすというものだ。

書き手が、1をやっても、2をやっても、まったく答えを引き出せないことがある。そういう時は、相手がそもそも感情を言語化する能力を持っていない場合も少なくない。小学校の中学年くらいの知能しかなければ、自分の感情を深く分析することができないし、日本語が不得意な外国人であれば、自己分析はできても日本語で細かく表現することができない。

こういう相手には、無理に聞き出そうとするのではなく、行動を共にして観察することによって、書き手の言葉で小ストーリーを明らかにするべきだ。

実際の事例で考えよう。

ヤノマミの嬰児殺し

南米のアマゾンのジャングルの奥地に、現代文明から距離を置いて暮らしているヤノマミ族がいる。この村の中に150日間暮らし、その生態や文化を描いたのが『ヤノマミ』（国《こく》分拓《ぶんひろむ》）だ。

ヤノマミ族は、密林の中に巨大な長屋のような住居を建て、数十人で力を合わせて共同生活を送っている。男たちは狩りをし、女たちは調理や子育てをし、10代で世帯を持つようになる。

そんな彼らの風習の一つに「嬰児殺し」がある。若い未婚の女性が孕んだり、既婚でも子どもを育てられない状況だったりした場合、女性は自分一人で村を離れて密林の中で出産した後、自らの手で殺し、遺体を白蟻の巣の中に入れるのである。彼らの中では、これは精霊のまま天に返す行為とされている。

国分さんはこうしたヤノマミの風習を目の当たりにする中で、女性がどんな気持ちでわが子を殺めているのかに疑問を抱く。精霊のまま天に返すのが伝統的な行為とはいえ、そこに母親としてわが子を慈しむ感情はないのか。

だが、ヤノマミの女性とはほとんど言葉が通じないし、通訳を介したところで彼らの語彙力では論理的な説明ができるとは思えない。そこで国分さんは、産んだばかりの子を葬った女性モシーニャを観察することによって、嬰児殺しの裏にある小ストーリーを浮き上がらせようとする。

次は、嬰児を白蟻の巣に遺棄した3週間後、モシーニャが長女を連れて再び森に入り、風習に則って巣を焼き払いに行くシーンだ。

モシーニャは長女を呼び、薪を集めさせた。一緒に巣を燃やすのかと思って見ていたが、一定の距離から近くに呼ぼうとはしなかった。

モシーニャは一人で燃えさしを白蟻の巣に押し込み、口で風を送りながら燃やし始めた。

少しずつ、ゆっくり、木の枝を白蟻の巣の上に載せたり、中に刺したりして、白蟻の巣を燃やしていった。それは、料理を作る時の薪の燃やし方とはずいぶん違って見えた。一気にでなく、あくまで少しずつ、ゆっくりなのである。

モシーニャは一点を見つめながら、子どもの亡骸の入った白蟻の巣を燃やし続けた。

（中略）

白蟻の巣がすっかり灰となった時、モシーニャは僕たちに近づき〈マッパライオーマ（終わった）〉とだけ言うと、シャボノ（※住居）に戻っていった。

数日後、夜中に女の泣き声で起こされた。僕たちの囲炉裏の向かい側、ペデリーニョ（※夫）とモシーニャの囲炉裏のある方向だった。泣き声は余りに鋭くて、近づいて確かめることなど、とてもできなかった。

翌朝、ペデリーニョが僕らの囲炉裏に遊びに来た。闇夜に女の泣き声が何時間も続いた。ペデリーニョが言った。

「妻がずっと泣いていたから眠れなかった」

どんな表情をしていいのか、分からなかった。だから、言葉が分からないフリをした。ペデリーニョはそんなことを全く気にせず、何度も目を擦って〈マリシ、マリシ（眠たい、眠たい）〉と言った。

モシーニャの嗚咽は、その後幾夜か続いた。

（※注、石井。引用文中、以下同）

モシーニャは出産してすぐにわが子を精霊として天に返した時にどんな気持ちだったか一言たりとも述べていない。尋ねられたところで、言葉で説明することなど不可能だったにちがいない。

そこで国分さんはモシーニャやその夫の行動を観察することによって、彼女の内面にある小ストーリーを引き出していく。モシーニャの動作、夜に聞こえた泣き声、彼女の夫の一言。

これを描写することによって、彼女に言葉で説明させるよりはるかに深い次元で小ストーリーを書き記すのだ。

もちろん、この手法は日本人に対しても活用できる。たとえば、発達障害や知的障害がある人は、自分の言葉で感情を分析するのが苦手だ。トラウマを抱えている人には、明確な言葉で質問をしない方がいい場合もある。これらのケースでは、言葉で質問を投げかけるのではなく、観察によって内面を明らかにするべきだろう。

このように、下手に言葉を引き出すより、書き手が鋭い観察眼で起きたことを描写する方が、本質を伝えられることもあるのだ。

第4章

〝脳を活性化〟するノート術

何をどう記録するか

記録の取り方は臨機応変に

インタビューをする時に、書き手がテーブルの上にICレコーダーと大学ノートを置いて、相手の発言を記録するのは定番の光景になっている。高価なICレコーダーの中には、音声を自動的にテキスト化する機能もある。

私は取材をする側である一方、メディアの人間に著者インタビューやコメントを求められて取材を受ける側でもあるので、年間に20〜30回くらいは何かしらのインタビューに答えていると思う。その経験からいえば、雑誌のライターの9割、新聞記者の7割がICレコーダーとノートを併用している。

両者の間に差が生じるのは、ライターは仕事柄じっくりと話を聞くことが多く、新聞記者の場合は立ち話のような短い時間で情報を取ることがあるからかもしれない。取材のスタイルによって記録の取り方も変化する。

著名な物書きの中には、自分ではほとんど記録を取らないという人もいる。佐野眞一さんや藤原新也さんは、録音どころか、ノートすらほとんど取らず、記憶に残ったことだけを書いていると話していた。

有名なケースだと、トルーマン・カポーティが名作『冷血』を書いた際に、レコーダーを使用せず、取材で得た情報を頭に叩き込み、記憶力を頼りに事件を再構成したという逸話がある。彼にとってはこうした手法の方が、記録・情報の束縛から解放され、ストーリー性を豊かにできるという哲学があるのだろう。このやり方は、アメリカのニュー・ジャーナリズムに大きな影響を与えている。

現在では、書き手は録音とメモの二つ、あるいはどちらか一つで取材の記録を取るのがスタンダードだろう。そこに決まったルールはないが、取材内容によっては、録音が必須とされるものもある。

典型的なのが、事件取材である。事件では発言の一言一句が非常に重要な意味を持ち、特に裁判が進行中の場合、判決を左右することにもなる。たとえ書き手が本人の発言通りに書いたとしても、後で相手から「こんなことは言っていない。でっち上げだ」と言いがかりをつけられて名誉毀損で訴えられることもある。そうした事態を想定し、書き手はリスク管理の一環として発言の録音をしておかなければならない（事件以外でも、書き手が訴えられるリスクのある取材は同様）。

また、相手の話し方によってはメモでは追いつかないこともある。相手が次から次に専門用語をくり出したり、機関銃のような早口でまくしたてたり、方言が強かったりした場合、書き手は後で発言内容を確認、精査する必要が出てくる。こうしたケースでも録音は必須だ。

とはいえ、現実的にはすべてのインタビューを記録できるわけではない。状況的に許されなかったり、相手から拒まれたりすることもある。

紀行文のようなものは、旅の間ずっとICレコーダーを回したり、メモを取ったりすることは実質的に不可能だ。せいぜい夜にその日あったことを、ノートなどに日記のような形でまとめるくらいしかできない。自分の若かりし頃のことを書く自伝的な作品も、書き手のおおよその記憶や残されたわずかな資料に基づいて書かれるのが普通だ。

また、暴力団組員などアンダーグラウンドの人たちから違法行為に関する情報を得ている時も録音は困難だ。書き手がICレコーダーを向ければ、彼らは「やめろ！」と怒りだすか、話すのを止めるかするに決まっている。それが証拠となって逮捕につながりかねないからだ。こうした取材では、書き手は話の内容を頭に叩き込み、トイレへ行くふりをして便座にすわって急ぎメモを取るしかない。

少し余談になるが、マスメディアの記者は、裁判の発言をどのように記録しているか知っているだろうか。

裁判所では、ICレコーダーやスマートフォンによる音声の録音は禁止されている。したがって、記者は原則的にメモによって被告や証人の発言を記録するしかない。だが、人がやることなので、メモが追いつかなかったり、聞き間違いをしたりすれば、誤報を生む。

そこで、裁判所の関係者は、記者がICレコーダーを持ち込むのを、黙認している。大きな事件では、裁判所の入り口にある金属探知機に加え、法廷の前にも職員を配置させて一般の傍聴者の私物をすべて預かるが、記者席に座るメディア関係者だけはそれを免除するのである。これによって、記者は黙って懐にICレコーダーを忍ばせて裁判のやりとりを録音し、一言一句間違いのないように報道しているのだ。

何はともあれ、インタビューの記録の方法は、書き手が相手や状況に合わせて臨機応変に対応していくべきだといえるだろう。

手書きの四つのメリット

取材における記録の取り方は多様だと断った上で、ここから先は私がどのような方法で記録を取っているかを紹介したい。

私が主な記録手段としているのは、**大学ノートへの手書き**だ。道具は、たくさん書ける罫幅の狭い厚めのノートに、ドクターグリップのシャープペンシルだ。

インタビューの間、私は大学ノートを広げて、猛烈な勢いで書いて書いて書きまくっている。ICレコーダーによる録音については、リスク管理の必要な取材に関しては実施しているが、そうでない場合は大学ノートへの手書きの記録だけにするようにしている。ICレコーダーを併用する場合と、メモだけで行う場合は、半々くらいだろうか。

手書きの記録を重視する理由は、大きく四つある。

1　相手に不必要な警戒心を抱かせないため。

2　発言の言葉尻に振り回されないため。

3　脳をフル回転させて情報を精査するため。

4　ノートによって相手の頭も活性化させるため。

1から見ていこう。

ＩＣレコーダーは、メモに比べて、相手にはるかに大きな警戒心を抱かせてしまう。

書き手がメモを取っていれば、相手は多少言いすぎたとしても、「この人なら、自分の発言を和らげてくれるだろう」と思うものだが、ＩＣレコーダーの録音ランプが目の前で光っていれば、一言一句すべて冷徹に記録されて掲載されるような不安に陥るので、無意識のうちに「どこまで話していいのだろう」という気持ちになり、会話の内容や表現を抑える。これによって重要な情報が得られなくなることがままあるのだ。

ちなみに、警察官や官僚は、自分の発言が録音されることをとても嫌がるものの、手書きのメモに関しては認める場合が多い。録音は自分の立場を危うくする証拠となるが、メモはそうではないという意識があるのだろう。それぐらいＩＣレコーダーとメモが与える心証の差は大きいのである。

２は、取材の内容を活字化するために有効なことだ。

インタビューの時、相手は非常に回りくどい言い方をしたり、不用意に過激な表現をしたり、意見をコロコロと変えたりすることがある。書き手は、言葉尻に振り回されてそのまま書くのではなく、その人の本当に伝えたいことをまとめて活字にしなければならない。

また、相手が時系列などお構いなしに頭に浮かんだことを言葉にすることも多い。そのため、書き手は後で話を整理し、会話の最初に出てきた話を最後に回したり、最後に出た話を最初に回したりすることになる。思いつきで語られる情報を、話の内容や時系列に合わせて記録するということだ。

こうしたことが「テキスト化」と呼ばれる作業の基本だが、ＩＣレコーダーの記録を文字に起こして執筆の参考にすると、取材時の発言や時系列がそのままの形で目の前にあるので、それに意識が引っ張られがちだ。そうなると、本来の意味でのテキスト化の作業がうまくいかなくなる。

３は、もっとも重要な点だ。書き手は、あえてノートに書き取るという重労働を己に課すことで、インタビューをより充実したものにできる。

私は取材が終わると、同行した編集者から「そんなに手書きでメモをしていてよく疲れませんね」と心配されることがあるが、正直、疲労困憊する。私の右手中指の第一関節は曲がっているし、２時間の取材が終わった頃には右腕全体が痺れているほどだ。

そこまでして手書きにこだわるのは、書く作業が大変だからこそ、少しも無駄なことをしたくないという高度な集中力が生まれるからだ。相手の一言一句に神経を尖らせ、本全体の構成を考え、それに沿って重要な内容、引っかかる表現、微妙なニュアンスを効果的に配置して記録しようとする。極端にいえば、取材を終えた時点で、メモがそのまま作品の原稿の下書きに近いものになっているのが理想だ。

だが、ICレコーダーに頼っていると、無駄な安心感が生まれ、漠然とインタビューを行ってしまう。発言の真意がわからなくても、後で聞き返せばいいやと考えて放置したり、本の構成まで考えずに用意した質問を機械的にしたりする。これではインタビューを通して事実の核心に迫っていくことはできない。

その点、手書きであれば、自然と頭をフル回転させて神経を研ぎ澄まし、相手の話のどこに意外性があるのか、何を深掘りすべきなのか、どのように活字にするかを考えるようになる。私は、その緊張感こそがインタビューの質を上げると思っている。

4は、ノートには取材相手の頭脳をも活性化させる作用があるということだ。

目の前にノートがあり、書き手のメモを見ていると、相手はその文字からいろんなことを考える。「あ、今こういう表現をしましたけど、こうかも」とか「このメモで思い出しましたけど、こういうことがありました」といったことが頻繁に起こるのだ。

相手は話した言葉をその場で文字化されれば、それを土台にして新たなことを考える。相手の非を明らかにする取材などでは、必ずしもすべて見せる必要はないが、内容によっては意図的にノートを相手の目につくところに広げて、インタビューをすることが有効に働くのだ。

このように、私は**手書きにはいくつものメリットがある**と実感している。したがって、たとえICレコーダーで録音をしている時も、私は手書きによって得られる特有の緊張感を維持するため、それを聞き返すのは本の原稿をすべて書き終えた後にすると決めている。あくまでリスク管理や、最終段階での事実確認として使用しているのだ。

私的ノート術

ノートに取材内容を書き留める際に、本の構成のイメージまで作り上げるべきと述べたが、一体どのようにしているのか。

カフェや会議室など、テーブルを挟んでインタビューを行う時、おおよそ私は図8のようなスタイルでノートを取るようにしている。要点を簡単に説明したい。

○ポイント1

ノートは見開き1ページずつ使うことが多い。主に左側のページに取材で聞いたことを書き記し、右側には、それ以外の情報（相手の表情、違和感、取材場所の描写）などをメモする。上の空欄には、話を聞いているうちに思い浮かんだ次の質問や疑問を書き留めておく。

○ポイント2

左側のページでは、インタビューの内容を時系列に沿って書くのではなく、話の中から意外性のある小ストーリーを見つけ出し、小ストーリーごとにグループ分けし、そこに当てはまると思った内容を書いていく。企業の経営者へのインタビューだとしたら、「社内派閥」「不正事件対応」「M＆A」などと分類するということだ。

小ストーリーで分けるのには理由がある。意外性のある話を分類し、それぞれをストーリー化できるくらい情報を収集するためだ。また、あちらこちらに話が飛ぶことがあるので、それぞれのエピソードがどの小ストーリーに属するかを考え、適切に配置することも同時にできる。

2時間の取材が終わった時に、小ストーリーのグループが四つから八つくらいできているのが理想だ。こうして作った小ストーリーは、次章で述べる本の構成を決める際に用いる。

○ポイント3

右側のページでは、話題に出てきたこと以外のあらゆることをメモする。取材では話の内

図8 取材ノートの例

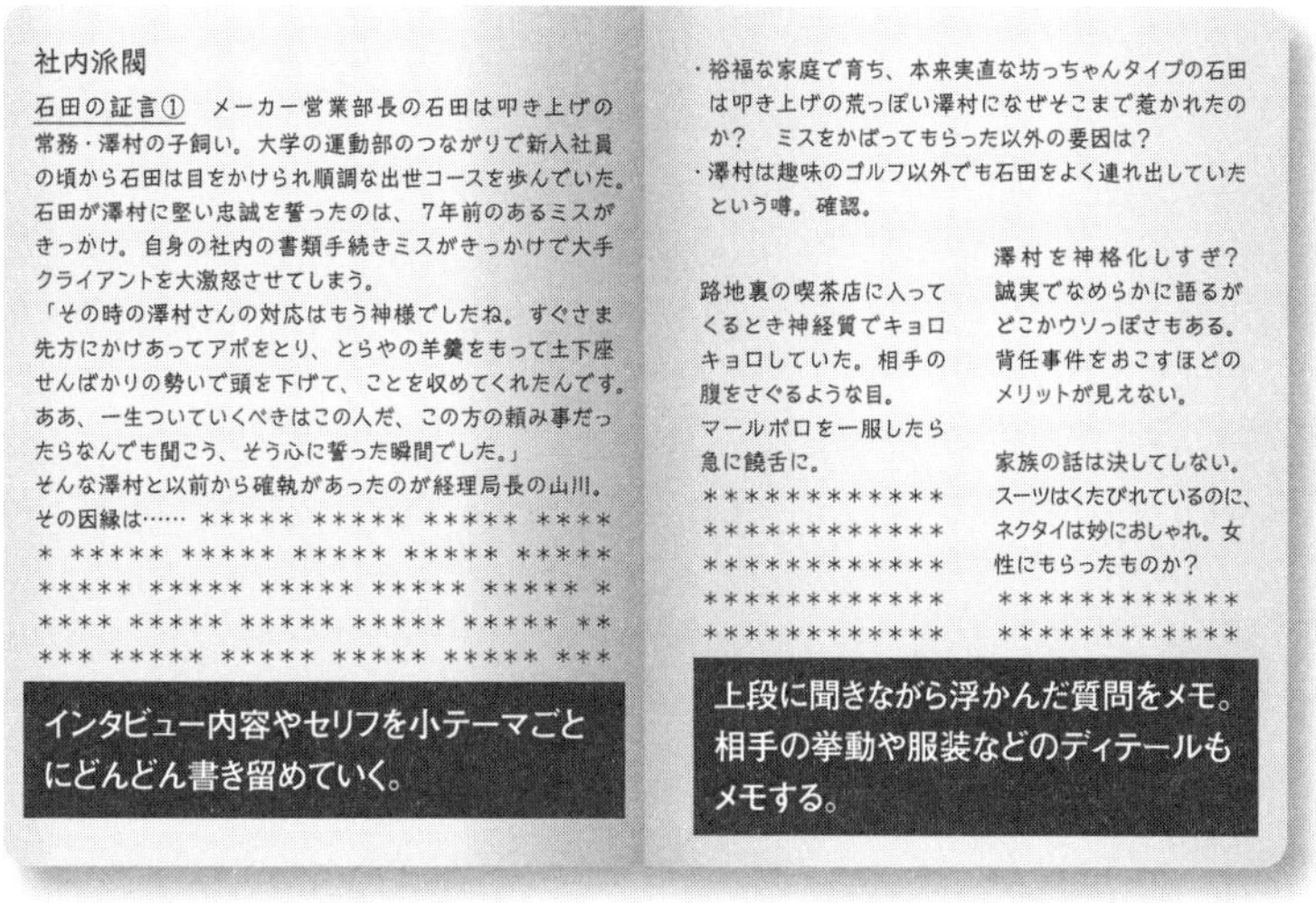
社内派閥
石田の証言① メーカー営業部長の石田は叩き上げの常務・澤村の子飼い。大学の運動部のつながりで新入社員の頃から石田は目をかけられ順調な出世コースを歩んでいた。石田が澤村に堅い忠誠を誓ったのは、7年前のあるミスがきっかけ。自身の社内の書類手続きミスがきっかけで大手クライアントを大激怒させてしまう。

「その時の澤村さんの対応はもう神様でしたね。すぐさま先方にかけあってアポをとり、とらやの羊羹をもって土下座せんばかりの勢いで頭を下げて、ことを収めてくれたんです。ああ、一生ついていくべきはこの人だ、この方の頼み事だったらなんでも聞こう、そう心に誓った瞬間でした。」

そんな澤村と以前から確執があったのが経理局長の山川。その因縁は……

インタビュー内容やセリフを小テーマごとにどんどん書き留めていく。
・裕福な家庭で育ち、本来実直な坊っちゃんタイプの石田は叩き上げの荒っぽい澤村になぜそこまで惹かれたのか？ ミスをかばってもらった以外の要因は？
・澤村は趣味のゴルフ以外でも石田をよく連れ出していたという噂。確認。
路地裏の喫茶店に入ってくるとき神経質でキョロキョロしていた。相手の腹をさぐるような目。

マールボロを一服したら急に饒舌に。

澤村を神格化しすぎ？

誠実でなめらかに語るがどこかウソっぽさもある。

背任事件をおこすほどのメリットが見えない。

家族の話は決してしない。

スーツはくたびれているのに、ネクタイは妙におしゃれ。女性にもらったものか？

上段に聞きながら浮かんだ質問をメモ。相手の挙動や服装などのディテールもメモする。


容こそが重要と思われがちだが、いざ文章化しようとすると、それだけではまったく足りないことがある。相手の言葉より、身につけている服のブランド、部屋にたちこめる異臭、壁にかけられた写真といったものの方が、より本質を表していることが少なくないのだ。新聞記事などの文章ではさほど重視されないが、文芸作品としてのノンフィクションには必要不可欠な情報である。

○ポイント4

小テーマを深く掘らなければ、読者は意外性の背景にあるものを理解してくれない。それには、事前に用意した質問を順番に投げかけるのではなく、進行形の会話の中から「次に何を聞けば、話が深まるか」を考えるべきだ。時として、その質問が同時に三つも四つも浮かぶことがあるので、忘れないうちにマス目の外の空欄にメモしておく。

先に、私はこの一連のノートの取り方を「テーブルを挟んでインタビューを行う時」と条件をつけたが、それには訳がある。相手と立った状態で話を聞く時は、いくらノートを出していても、半分に畳んだ状態でなければ安定せずに字を素早く書くことができない。こういう時は、ノートを半分に畳んだ状態で、上の方に相手の言葉を書き、下の方にそれ以外の情報をメモするようにする。

いずれにせよ、重要なのは、**小ストーリーを構築していくためのノート術、そして書籍としてまとめるためのノート術**である点だ。人によって適した方法は違うが、一つの参考にしていただけたらと思う。

象徴となる〝違和感〟を見つける

ここからはメモをする際に着目しなければならない、相手の発言以外のポイントに話を移していきたい。

取材中、私はさりげなく次のことに目を留めるようにしている。

・**外見**（服装、髪型、アクセサリー、着こなし方）
・**しぐさ、話し方**（癖、視線、言い回し、イントネーション）
・**周りの環境**（部屋の様子、周りの人の目線、店のBGM、飲み物）
・**五感**（におい、温度、湿度、雰囲気、騒音、手触り）

これらをメモしておけば、執筆の際にその人やその場所を描写するための素材になる。本人の言葉を引用しても伝えられないようなことを描写によって伝えたり、厚みを持たせたりするのだ。

とはいえ、取材の間に周りにあるものすべてを記録することはできない。写真を撮っておく手もあるが、におい、音、空気などまでは映らない。そこで有効なポイントを示そう。**現場で抱いた〝違和感〟こそメモを取る価値がある**ということだ。ブランド品を着飾っているのに履物だけは真冬なのに汚れたクロックスだとか、家族全員が健康なはずなのに家がバリアフリーになっているとかいったことだ。

たとえば、私は次のような違和感を取材で見いだし、後にその意味がわかったことがあった。

○違和感のメモ例1

繁華街のカラオケ店で、20代の女性に取材をしたことがあった。彼女はDVを受けていた恋人から逃げ、公衆トイレで子どもを産み、遺棄したことのある人だった。

インタビューの中で、彼女は自分は恵まれた家庭環境で育ったと話していた。教師の両親の下に生まれ、習い事もたくさんさせてもらい、私立の大学に進学したのだという。事件を起こしたのは、付き合った男がたまたま悪かったからだ、ということだった。

取材中、彼女が空腹だというので、希望したラーメン店に連れて行くことにした。すると、彼女は割り箸ではなく、店員にフォークを頼み、それで麺をすすりはじめた。ラーメン店でラーメンをフォークで食べる人を見たのは初めてだった。私はこの光景に違和感を覚え、さりげなくメモをしておいた。

後日、彼女の妹を取材した時、こんなことを聞いた。

「うちは両親共働きで経済的には安定していたけど、食事をほとんど作ってもらえなかったんです。それで私はお姉ちゃんと毎日コンビニでカップヌードルを買って食べていました。そのせいで家にはコンビニのプラスチックのフォークが何百本と山のようにあったんですよ」

この発言から、コンビニでカップ麺を購入する時、姉妹はフォークをもらって、それで食べていたことを知った。大人になってもその習慣が残り、彼女はラーメン店でフォークを頼んだのだろう。
これによって、私は彼女の家庭の歪みを見いだしたのである。

○違和感のメモ例2

自動車会社の寮で、家族4人が暮らしていた。ある日、父親が出勤した後、母親は育児ノイローゼから未就学児の娘と息子の首を絞めて殺害した。その日のうちに、母親は逮捕され、後に女子刑務所に収監された。

ところで、この母親には、10代の時に前夫との間に産んだ娘がもう1人いた。Hという女性だ。Hは生後間もなく祖母に預けられて育ったので、母親に対しては愛情を持てずにいた。事件が起きた時、Hは16歳だった。

私は複数回にわたってHにインタビューをした。Hは事件を起こした母親のことを「あ、の方」と呼んでいた。私はこの表現に違和感を抱いた。普通なら「母」「お母さん」だろう。嫌な相手ならば「あいつ」「あの女」と言うかもしれない。だが、彼女はまるで高貴な女性を指すように「あの方」と表現したのだ。

当初、私は彼女が取材ということで意図して丁寧な表現をしているのかもしれないと思いつつ、それをメモしておいた。しかし何度会っても、その表現は変わらなかった。だいぶ後になって、その理由を尋ねてみた。彼女は答えた。

「あの方は、私を棄てて、妹と弟を死なせました。刑務所に入ってからも、まったく悪いことだと思っていない。そんな人間を自分と血がつながっている母親だって思いたくないんです。『母』『お母さん』『あいつ』『あの女』、どれも母親との血のつながりを感じさせるニュアンスがあるじゃないですか。だから私は『あの方』と呼ぶことにしているんです」

彼女の特殊な呼び方は、母親との関係を何とかして絶ちたいという思いから生まれたものだったのだ。

○違和感のメモ例3

ある葬儀社が身寄りのない故人の遺骨を自治体から預かっていた。独居老人が孤独死したり、自殺したりした場合、引き取り手が現れなければ、自治体が葬儀社に委託して簡易葬儀を行わなければならない。その際、自治体は遺骨をすぐに埋葬してはならず、一定期間保管しなければならない決まりになっている。葬儀社は自治体から頼まれ、それらの遺骨を納骨の日まで預かっていたのである。

葬儀社の社長が、取材の最中に私に故人の身元などが記されたこれまでの書類を見せてくれた。パラパラとめくってみると、違和感を覚えることがあった。自殺で亡くなった人の多くが、死亡日と誕生日が同じか、その前後の日なのである。

社長に理由を聞いたが、「わかりません」と首を傾げた。後日、自殺を専門とする精神科医と酒を飲んだ時にこの話をしてみた。精神科医は言った。

「記念日自殺かもしれませんね。誕生日に誰からも祝ってもらえないと、すごく寂しい気持ちになりますよね。普段以上に孤独を感じる。そうしたことから、誕生日や敬老の日など、記念日に自殺することを記念日自殺というんです」

私が覚えた違和感には、「記念日自殺」という理由があったのだ。

違和感は、世間の常識との乖離から生まれるものだ。そこには、何か違う背景、何か特別な理由が存在する。その時はうまく言語化できなくとも、いろんなことを調べていく中で、後々それが形になり、テーマとの結びつきに気づくことがある。それゆえ、取材現場では、小さな事柄であっても違和感を記録しておく必要がある。

矛盾を矛盾のまま書き留める

取材の中では、違和感とは別に、相手の言動にイメージとの〝矛盾〟を感じることが頻繁にある。

凶悪事件を起こした犯人なのに丁寧で優しい人だったとか、ホームレスなのに日々の暮らしをとても楽しんでいるとかいったことだ。

人間には多種多様な側面や価値観があるので、こうしたことは不思議でも何でもないはずだ。にもかかわらず、彼らの姿に矛盾を感じてしまうのは、マスメディアの一面的な報道による影響が大きい。

たとえば、かつて野球の大谷翔平選手の通訳を務めていた水原一平氏がいる。長らくメディアは水原氏を大谷選手の最良のパートナーとして紹介し、笑顔で練習を手伝う姿を映しだし「善良な通訳者」として報じていた。

ところが、2024年の春に水原氏がギャンブルにのめり込み大谷選手のお金を無断で使っていたことが発覚して解雇されると、テレビや新聞に映る彼の映像は人相の悪いものばかりになった。横目で大谷選手を睨んだり、記者を邪険に扱ったり、不貞《ふて》腐れた表情をしていたり……。「善良な通訳」が、一晩で「ギャンブラーの詐欺師」として報じられるようになったのである。

マスメディアの報道ではしばしばこのようなことが見られるが、どうしてなのか。それは彼らが「人の全体像」ではなく「特定の事象を象徴する一面」を報じているからだ。水原氏の人物像を総合的に伝えようとすれば、良い面もあれば、悪い面もあるし、それでは説明がつかない面もある。それらすべてが「人の全体像」だ。

しかし、「特定の事象を象徴する一面」では、優秀な通訳という事象を伝えるならばそれに即した映像を流すことになるし、詐欺の容疑者という事象を伝えるならばそれに即した映像だけを流すことになる。それゆえ、マスメディアの報道は、「善／悪」「美／醜」「富／貧」などといった二元論的なものになりがちだ。

マスメディアを通して一面的に物事を見ることに慣れ切ってしまうと、人はなかなか多面性を受け入れられなくなる。

しかし、ノンフィクションで描かなければならないのは、矛盾したものを抱えて生きる人間であり、相反する要素を内包している事象だ。水原氏を絶対的な悪人と決めつけ、300ページにわたって批判するだけでは、その「人物像」を描いたことにはならない。その人に宿る多様性を描いてこそ、実態に近づけるのだ。

そうしたことから、書き手は取材の際に自分のフレームワークが一面的に物事を見がちであると自覚し、意識的に矛盾を受け入れ、メモするようにしなければならない。**取材の中で感じた〝すっきりとしない矛盾〟を逐一記録していくことが、人や事象の全体像を多面的に構築していくことになる**のである。

例を一つ示そう。『馬車は走る』（沢木耕太郎）の中に、石原慎太郎の都知事選を描いた「シジフォスの四十日」という短編ルポがある。その中で、沢木さんは石原の人物像を描写している。次は、新聞社のカメラマンが、食事中の石原の写真を撮るところだ。

新聞のカメラマンが、（※石原慎太郎に）食事をしているところを撮りたいと申し出る。

後方のステージから、束の間の休息を取っての食事時間である。「チェッ、食事くらいひとりで食べさせてくれよ」という気持もわからないではない。だが、いったんは引き受けているのに、数枚撮られると「もういいだろ！」と険のある声で言うのを聞くと、傍にいる方がドキッとしてしまう。

石原には、実に神経質な部分と無神経な部分とが、矛盾なく同居しているらしかった。彼の弁当の食べ方を見ていると、実に細心である。幕の内を広げ、左ききの手で食べ、魚の照り焼きだけ残し、ふたをし、紙をかけ花結びでヒモをかけ直す。そしてゴミ袋に棄てる。

だが、この細心さが人と対応するときに発揮されない。とりわけ、不潔であったり無能そうであったりする者に対して、苛烈と思える言動をとることがある。まさにこのような人々にこそ優しさは必要なはずだったのだが……。（傍点石井）

世間の人たちが抱く石原のイメージは、「歯に衣着せぬ物言いをする強権的な政治家」だろう。マスメディアも石原の高齢女性に対する「ババア」発言や、外国人などに対する「三国人」発言など数々の暴言を報じてきたので、そうした面があるのは事実だ。

しかし、人間としての石原慎太郎像を描くには、これだけでは薄っぺらい。そこで、沢木さんが着目したのが、世間のイメージの対極にある「細心さ」だったのだ。沢木さんは、たまたま目にした石原の几帳面な弁当の食べ方をテキストに組み込むことで、石原の人物像を立体化させたのである。

このように書き手は、人や事象を世間のイメージ通りに一面的に記録するのではなく、矛盾点にこそ着目するべきなのだ。

現場ならではの〝言い回し〟に耳を澄ます

ここまで〝違和感〟や〝矛盾〟を記録することの大切さを述べてきたが、もう一つ意識してメモするようにしたいのが、現場ならではの〝言い回し〟だ。

取材で耳にする言い回しと聞くと、「方言」や「略語」を思い浮かべるかもしれない。それらも大切だが、ここでいう言い回しとはもう少し特殊なものだ。**現場の特殊な文化の中で生まれ、使用され、その空間全体を象徴するような言葉**である。

具体例を挙げて考えていこう。

１９８５年8月12日、群馬県の山中で「日本航空１２３便墜落事故」が起きた。日航機１２３便が、羽田空港を飛び立って12分後に爆発音と共に機体の制御がままならなくなり、32分にわたって空中を彷徨った末に御巣鷹の尾根に墜落したのである。死者５２０名、生存者４名という世界最悪の単独航空事故だった。

この事故を扱ったノンフィクションが『墜落の夏』（吉岡忍）だ。本書の4章では、航空事故でバラバラになった遺体が、遺体安置所となった市民体育館に運び込まれ、医師や歯科医らによって身元確認の作業が行われる光景が描かれている。上空から機体もろとも地面に叩きつけられ、炎上した遺体はほとんどが粉々になっており、炭化した肉片や骨片だけになっているものも少なくなかった。

吉岡さんは文庫にしてわずか40ページあまりのこの章の中で、遺体安置所で飛び交っていた特殊な言い回しをたくさん記録している。

ある医師はバラバラになった遺体を「フラグメント（要素）」「パーツ（部分）」と呼んだ。粉砕されて散らばった「離断遺体」と呼ばれる遺体は、もはや体のどの部位かも判断がつかない。それゆえ、医師は生々しいニュアンスがある日本語ではなく、あえて外国語を使うことで抽象的な表現にし、少しでも心にフィルターをかけようとしたのだろう。

警察が遺体搬送の際に使用する道具にも特殊な表現が用いられていた。警察官は墜落現場から遺体安置所へ遺体を運ぶ際、それをビニールのシートで覆っていた。警察はこのシートを「極楽シート」と名付けていたという。あまりに凄惨な遺体の様子から、せめて故人が天国へ行けるようにとの気持ちを込めてそう呼んだのかもしれない。

遺体安置所では、看護師たちは、運ばれてきた遺体に湧いたウジを除去する作業をしていた。真夏だったため、搬送されてきた遺体に次々とハエがたかり、卵を産んでいったのだ。

看護師たちは、白い液体の駆除剤を用いてウジを退治していたが、それは、「ウジ殺し」と呼ばれていたらしい。犠牲者の身体をむさぼるウジに対する恨みのような感情がそう呼ばせたのだろうか。

さらに、医師たちは、死体検案書に一般的には使わない用語を書き記していた。「全身挫滅」「全身粉砕」といったものだ。航空事故による遺体の損傷は、交通事故では起こりえないほど激しい。それゆえ、医師たちはこうした用語を自分たちで作り出し、用いていたのである。

おそらく本を読んだことのない人でも、これらの言い回しを見ただけで、遺体安置所に広がる臨場感や臭いや無力感を否応なしに感じたのではないだろうか。

そう、特殊な現場には、特殊な言い回しが生まれる。そしてそれは現場の空気を強烈なリアリティを伴って伝える効果を持つのである。ここに、特有の言い回しを記録することの意義がある。

取材でメモを取る時、書き手は無意識のうちに正式名称を用いがちだ。警察が「極楽シート」と言っているのに、わざわざ「ビニール製のシート」と修正したり、看護師が「ウジ殺し」と呼んでいるのに駆除剤の正式名称で記したりする。

正しい名称を調べて把握するのは悪いことではない。だが、ノンフィクションの取材で大切なのは、**いかに現場ならではの臨場感を伝える材料を見つけ出すか**だ。正式名称など、後で調べれば何とでもなるので、こういう特殊な言い回しの方に耳を傾けたい。

嘘を嘘のまま受け止める

取材をしている際に、相手が嘘をついたり、知っているのにとぼけていると感じたりすることがある。ある事象にかかわった複数の人に話を聞いて、一人だけ違うことを言っていれば、それが嘘だと見抜ける。

こうしたことについて、取材の時に「それは事実ではないですよね」とか「とぼけないで答えてほしい」と指摘する方法もあるが、それが正しいというわけではない。故意に指摘せず、嘘をそのまま記録し、後でわかるように「ウソ？」「トボケ？」と小さくメモしておくのも一つだ。

マスメディアの取材では、真実の追求が最優先され、偽りの情報は価値のないものとされがちだ。仮に相手が嘘をついていると思ったら、記者はその発言を記事にするのを止めるだろう。

しかし、ノンフィクションでは、相手が嘘をついたこと自体が、その人の人物像を表す要素となることが少なくない。たとえばセリフにつづく地の文で次のように書けばいい。

「なぜ、彼はここまで辻褄の合わないことをくり返すのだろうか。幼い頃から彼は頼る者がおらず、嘘を嘘で塗り固めるような生き方をしてきた。そんな彼にとって嘘はもはや嘘ではなく、空っぽの自分を作り上げる唯一の手段になっているのかもしれない」

このように、嘘を暴くのではなく、嘘に何かしらの意味を付与することで登場人物の人間性を示すこともできるのである。

また、似たこととして、会話のキャッチボールが成り立たないことがある。これも嘘同様にメモに取っておくべきだ。

たとえば特殊詐欺の「受け子（金をもらいに行く役割）」をしていた16歳の少年にインタビューをした際、こんなやり取りがあった。

――なぜSNSで50万の仕事があると言われて怪しいと思わなかったの？

「だって、アマゾンの社長とか1日で何億も稼いでるじゃん」

――でも普通のバイトで1日で50万なんてないよね。

「ホストとかだったら50万なんて〝秒（すぐ）〟でしょ。すげえブランデーとか入れてもらえばいいわけだし」

――犯罪をしている中で、これがずっとつづくと思っていた？

「あ、でも俺、彼女の誕生日に100万の指輪買ったんすよ。そしたらガチで喜んでくれた」

――お金を稼げば彼女と幸せになれると思ってた？

「いや、A型の子だからそれはないっす。俺、A型って苦手なんすよ。一番性格良かったのは、B型かな。だからB型って聞くとマジ興奮しますもん」

もしこのインタビューを特殊詐欺の狡猾な手口や事件の全容に迫るという目的で行っているのならば、「失敗」だろう。

しかし、ノンフィクションでは、これをそのまま使うことが可能だ。このいびつな発言を示すことによって、犯人の短絡的な思考を鮮烈に示すのである。

特殊詐欺は被害額が年間450億円にも上る大きな犯罪だ。これまで何万人、何十万人という高齢者が汗水流して貯めた老後資金を強奪されて、涙を呑んできた。そうした犯罪が、どれほど軽薄な考えで行われているのかを伝えるために、あえてこの会話を原形で掲載するのだ。

ノンフィクションの取材は、真実や重い言葉を引き出すためだけに行うものではない。嘘や軽薄さも含めて、**そこで起きているドラマを描くのに必要な素材を手に入れる**ためにすることなのだ。それゆえ、書き手はどのような作品を作るのかをイメージした上で、必要なものとそうでないものとを分けるべきだろう。

第5章

「構成力」で本は決まる

型の力を借りよう

一冊を書き上げるイメージとは

「本って分量がすごく多いですよね。あれだけの文字数を書ける気がしません」

カルチャーセンターの講座で、受講生からこう言われることがしばしばある。文章を書くのは好きだけど、大学のレポートですら規定の文字数を埋めるのに苦労したのに、本を書き上げるなんて想像もつかない、と。

一冊のノンフィクションの文字数の目安は、おおよそ12万〜15万字だ（本書で15万字弱）。400字詰原稿用紙に換算すれば、400枚くらいは必要になるだろう。新書版でも10万字くらいは要する。

これだけ聞くと、たしかに相当な分量だし、ブロガーのように毎日文章を書いている人でも、クラクラと目眩を起こすかもしれない。実をいえば、プロの専業作家でも同じなのだ。私は年間3、4冊の新刊を出しているが、いきなり12万字書けと言われれば怯《ひる》む。

では、本を定期的に出している人は、どうやって書き上げているのだろう。

実は、多くの人たちが実践しているコツがある。結論を先にいえば、本一冊分を一気呵成に書き上げるのではなく、あくまで**章ごと、あるいは章の中の小見出しごとに少しずつつみ重ねるように書き上げていくイメージを持つ**ことだ。

遠泳だって、ゴールまで一気に1キロ泳げと言われればきついだろう。だが、100メートル泳いでは休み、もう100メートル泳いでは休みと、少しずつ距離を稼いでいけば精神的にも体力的にも楽だ。本の執筆も同じなのである。

一般的なノンフィクション本は200ページ台半ば～300ページ台前半であり、目次を見れば5～10章くらいに分けられれていることが多い。さらに各章の中にも複数の小見出しなどが入り内容やテーマが異なっている。1章が「青春時代」というテーマであっても、その中で「家庭環境」「野球部」「恋愛」「卒業」などに分類されているということだ。これを順番に一つずつ完成させていくのである。つまり、こう考えるのだ。

「1週間につき小見出し一つを完成させよう。今週は『家庭環境』を書き、来週は『野球部』を書く。そうすれば1カ月で1章が完成する」

自分の肺活量に合った間隔で息継ぎをしながら、それをルーティーンのようにして文字数をつみ上げていくのである。

作家たちの書き進め方

ノンフィクション作品の章立てや小見出しに着目すれば、その作家がどのような間隔で息継ぎをしながら書き進めたのかが垣間見られる。

２０１２年に、佐々涼子さんが開高健ノンフィクション賞を受賞した『エンジェルフライト』という作品がある。外国で病気や事故などで亡くなった日本人の遺体を母国の家族のもとへ搬送する国際霊柩送還士のドラマを描いたものだ。

ページ数は平均的な２８８ページだが、章立てはかなり細かく分けられており、「おわりに」を含めて14章。1章あたりの文字数を原稿用紙で換算すれば、30枚くらいだ。おそらく佐々さんは、数百枚の原稿を一息で書き上げたのではなく、30枚くらいの原稿を14回に分けて書き溜めていったのだろう。

あるいは、より細かく分けて、章の中の小見出しごとに書いていたかもしれない。この作品では1章が三つくらいに分けられているので、10枚ほどの文章を3本書けば1章ができることになる。それを章の数だけつづけるということだ。

佐々さんは明確な意図があって章立てを細かくしたのだと思うが、本を書き慣れていない人は、章立てや小見出しを増やすと、息継ぎが楽になって格段に書きやすくなることを覚えておいてほしい。

ノンフィクション史に残るような長編においても同様のことが当てはまる。『木村政彦はなぜ力道山を殺さなかったのか』（増田俊也）がそれだ。柔道史上最強と謳われた木村政彦の人生をたどりながら、日本スポーツ史最大の謎を解明していくといった内容である。文庫版は上下巻に分かれ、総ページ数は約１２００ページ、一般的なノンフィクション作品の4冊分に相当する大長編だ。

　では、著者の増田さんはどのように息継ぎしたのだろう。作品全体の章立ては32章になっている。一般的な本は5~10章構成だが、その4冊分と考えれば、1章あたりの文字数は一冊8章構成の本と同じくらいだ。このように考えると、作品としては大長編ではあるものの、増田さんの執筆における息継ぎの仕方は、他の著者とさほど変わらないといえる。

　ここからわかるのは、書き手が作品を章や小見出しごとに分割し、自分のペースで着実に章や小見出しをつみ上げるように本を書いていることだ。

　ただし、これを実現するには、必須の条件がある。執筆をはじめる前に、**書き手が作品全体の〝完成予想図〟のイメージを固め、制作ノートに章立てや小見出しをある程度細かく決めておく必要がある**のだ。

　バラバラに書いた章や小見出しが、最終的に作品としての完成形になるには、それらが互いに高い相関性を持って結合する必要がある。執筆中の微調整はあるにせよ、予めしっかりと骨組みを用意しておかなければならない。

　私は制作ノートを次頁の図9のようにつけている。左側のページに章と小見出しごとの内容を書き、右側のページは空けておく。右側のページは、書いている中で思いついたこと、たとえば執筆中の取材や報道で得た新しい情報とか、2章の小見出しを3章に移すとか、伏線を回収せよというメモといったものだ。

図9　制作ノートの例

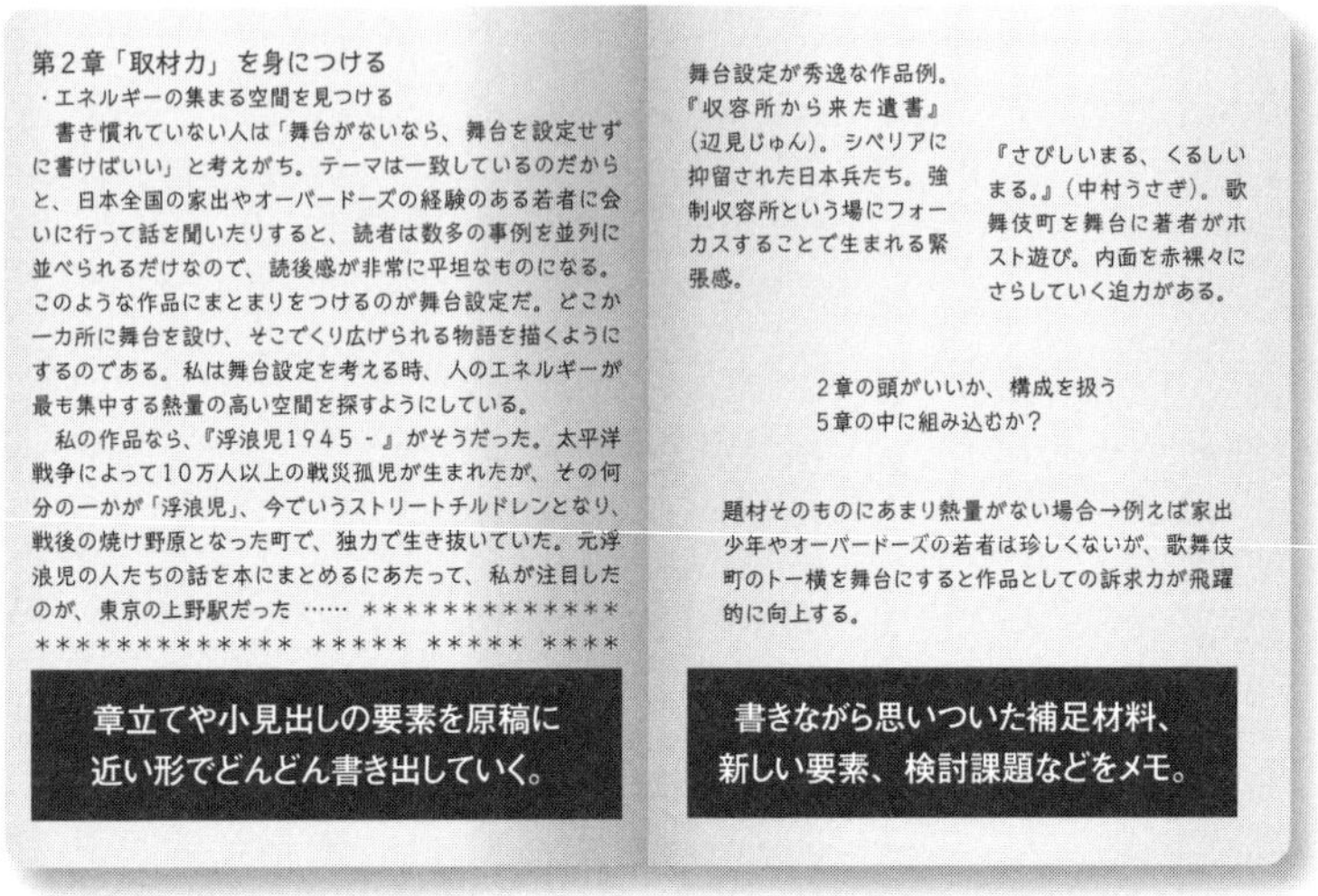
第2章「取材力」を身につける
・エネルギーの集まる空間を見つける
書き慣れていない人は「舞台がないなら、舞台を設定せずに書けばいい」と考えがち。テーマは一致しているのだからと、日本全国の家出やオーバードーズの経験のある若者に会いに行って話を聞いたりすると、読者は数多の事例を並列に並べられるだけなので、読後感が非常に平坦なものになる。このような作品にまとまりをつけるのが舞台設定だ。どこか一カ所に舞台を設け、そこでくり広げられる物語を描くようにするのである。私は舞台設定を考える時、人のエネルギーが最も集中する熱量の高い空間を探すようにしている。

私の作品なら、『浮浪児1945－』がそうだった。太平洋戦争によって10万人以上の戦災孤児が生まれたが、その何分の一かが「浮浪児」、今でいうストリートチルドレンとなり、戦後の焼け野原となった町で、独力で生き抜いていた。元浮浪児の人たちの話を本にまとめるにあたって、私が注目したのが、東京の上野駅だった……＊＊＊＊＊＊＊＊＊＊＊＊＊＊＊＊＊＊＊＊＊＊＊＊＊＊＊＊＊＊＊＊＊＊＊＊＊＊

章立てや小見出しの要素を原稿に近い形でどんどん書き出していく。

舞台設定が秀逸な作品例。『収容所から来た遺書』（辺見じゅん）。シベリアに抑留された日本兵たち。強制収容所という場にフォーカスすることで生まれる緊張感。

『さびしいまる、くるしいまる。』（中村うさぎ）。歌舞伎町を舞台に著者がホスト遊び。内面を赤裸々にさらしていく迫力がある。

2章の頭がいいか、構成を扱う5章の中に組み込むか？

題材そのものにあまり熱量がない場合→例えば家出少年やオーバードーズの若者は珍しくないが、歌舞伎町のトー横を舞台にすると作品としての訴求力が飛躍的に向上する。

書きながら思いついた補足材料、新しい要素、検討課題などをメモ。


本を書くことにおいて、骨組みに当たるものは「構成」と呼ばれる。完成形のイメージに従って、最適と思われる章立てや小見出しを決めるのだ。構成をどのようにするかによって、その本の質、インパクト、作品力がまったく異なってくる。

大ストーリーを作る基本構造

ではプロはどのように作品の構成を考えているのだろう。

小説の世界では、想像によって話を構築していくので、書き出しとおおよそのストーリーだけ決め、あとは執筆を進めながら考えていくという人も多い。「第三の新人」として有名な吉行淳之介などは、手帳にちょっとしたイメージをメモしておく程度だったという。想像の中で動き出す登場人物に導かれるようにして物語を展開していくのだ。

一方、ノンフィクションの執筆は、すでに取材によって集めた素材を組み立てていく作業だ。執筆中に素材を勝手に変えるわけにいかないので、構成をそれなりに細かく決めた上でそれらをはめ込んでいかなければならない。

最初に設定しなければならないのは、本の大ストーリーだ。一冊の本の大まかな物語の展開である。

大ストーリーを考える時、参考にしたいのが演劇の脚本を作る時などによく用いられる基本構造「三幕構成」だ。劇の全体の内容を三つに分けて、それぞれに次のような役割をつけるのだ。

1　**設定**（20％）
2　**対立・葛藤**（60％）
3　**解決**（20％）

序盤である1の箇所で物語世界を示しながら登場人物の特徴を説明し、中盤である2の箇所でそれらの対立、ないしは葛藤が起きて緊張感が高まる。そして、終盤の3に差しかかったところで解決に至るという流れである。分量の比率は、カッコ内の通り。1と3を短めにし、2にボリュームを持ってくる。

なぜこれが基本構造とされているのかといえば、ストーリーの肝が鮮明になるからだ。あえて展開を変えるとか、比重をずらすこともできるが、書き慣れている人は別にして、新人やセミプロの場合は、まずはこれを意識して大ストーリーの流れを考えた方が無難だろう。

ただ、ノンフィクションを書くことにおいては、三幕構成と共にもう一つ念頭に置いてもらいたいことがある。冒頭で紹介したノンフィクションの基本法則だ。次の流れである。

〈事実➡体験➡意味の変化〉

演劇の脚本はフィクションなので1～3をゼロから想像力で作り上げなければならないが、ノンフィクションの場合は取材によって手に入れた情報がすでにある。したがって、**三幕構成の三つのステップを、ノンフィクションの基本法則のステップに重ね、何をどこに配置すればいいのかを考えれば、よりスムーズになる**はずだ。

具体的に、私の『遺体』という作品で考えてみたい。

これは、東日本大震災で被災した釜石市を舞台にした作品だ。同市では1000人に及ぶ死者・行方不明者が出て、犠牲者の亡骸は急設された遺体安置所に運ばれた。あまりに悲惨

図10　三幕構成の流れ

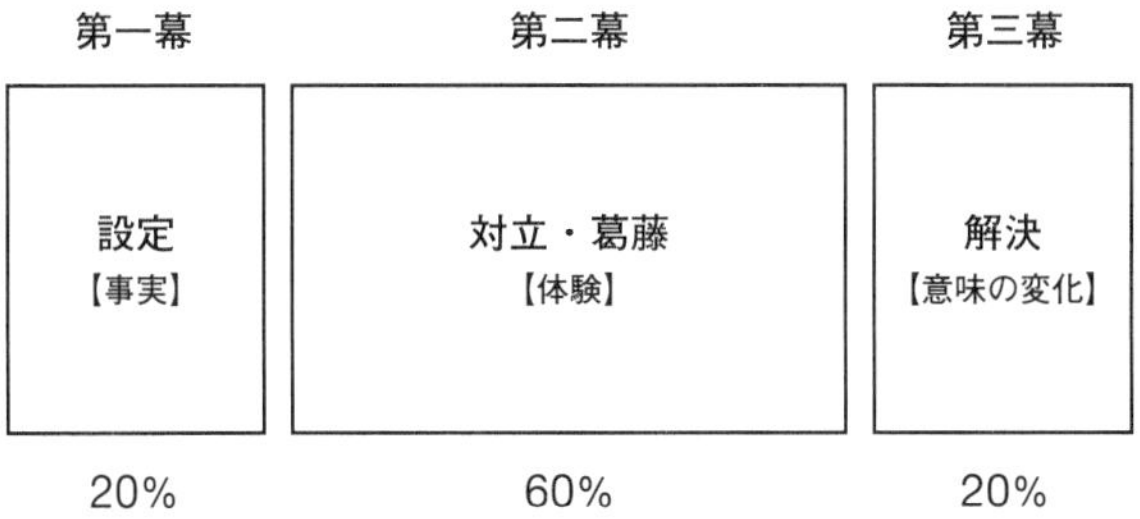

な空間となった遺体安置所だったが、そこに地元の医師、歯科医、民生委員、僧侶などが集まり、遺体の泥を落とし、祈り、身元確認をし、遺族の元に返そうとする。そんな2カ月間を追ったルポだ。

この本でいえば、次のようなステップになるだろう。

ステップ1

○「設定」（三幕構成）

震災によって大勢の人々が亡くなり、遺体安置所に運ばれた。そこに医師や民生委員や僧侶など町の人たちが集まった。

○「事実」（基本法則）

悲しみの遺体安置所。

ステップ2

○「対立・葛藤」（三幕構成）

遺体安置所に集まった人々が必死になって遺体の身元を

明らかにし、遺族の元に返そうとする。だが、火葬場が故障したり、見つかる遺体が膨大だったり、市がやむなく土葬の決断を下したりする。このままでは遺体の尊厳を守ることが危うい。

○「体験」（基本法則）

遺体安置所で遺体のために奮闘する人々。

ステップ3

○「解決」（三幕構成）

他市が火葬の受け入れをしてくれることになり、僧侶たちが結成した仏教会も弔いを行うことになった。これによってすべての遺体の尊厳を守ることができた。

○「意味の変化」（基本法則）

町の人々の温かな想いが詰まった遺体安置所。

このように、大ストーリーを考える時は、演劇でいう三幕構成、ノンフィクションでいう基本法則の両方にぴたりと当てはまるようにすると、物語としてのまとまりが生まれる。前者に合致していればドラマとしてのダイナミズムが生まれるし、後者に合致していれば事実の意味を鮮やかに転換させることができる。これによって、大ストーリーの骨格が明快になるのだ。

小ストーリーの刈り込みと整理

本の大ストーリーが決まれば、次に取材で集めた数多の小ストーリーのうちのどれを採用するかを選んでいく。

大ストーリーは、数行で説明できる物語全体の大雑把な流れだ。実際の執筆では、大ストーリーをいくつかの章に分け、章ごと、あるいは小見出しごとに個別のエピソードを並べていくことになる。この個別のエピソードが、小ストーリーだ。

両者の関係性を先の図7（99頁）のようにイメージしてほしい。大ストーリーは、複数の小ストーリーによって支えられて成り立っている。逆にいえば、小ストーリーの中身が適切でなければ、大ストーリーが崩れかねない。

ここで押さえたいのが、本に組み込む小ストーリーの選定方法だ。

まず、取材ノートに記録した小ストーリーをすべて紙に書き出してみてほしい。パズルのコマを一旦すべてテーブルに広げるような感じだ。そして大ストーリーに照らし合わせて、どの小ストーリーが必要なのか、くっつけられるものはないかを考え選んでいく。

話が抽象的になるのを避けるため、もう一度『遺体』を例にして具体的に考えていきたい。

まず私は先ほど述べたような大ストーリーを設定した。次にすべきは、大ストーリーに沿って、取材で集めた小ストーリーを選ぶことだ。取材をした相手1人につき4〜8個の小ストーリーを聞き取っていたので、それらをすべて紙に書き出した。

たとえば、釜石市長であれば、「市長になった経緯」「遺体安置所や緊急対策本部の設置」「国の土葬の指示と市民への通達」「他県の火葬場の借用」、お寺の住職であれば、「遺体安置所への慰問」「仏教会の設立と遺体安置所での読経ボランティアの開始」「身元不明の遺骨の引き取り」などと記した。

このように書き出して、大ストーリーに照らして俯瞰してみると、小ストーリーの中でも必要なものとそうでないものとが見えてくる。市長の「市長になった経緯」の小ストーリーは、災害ルポとしての大ストーリーとしては無関係だから省こうとか、住職の「遺体安置所への慰問」と「仏教会の設立と遺体安置所での読経ボランティアの開始」は一つにまとめられるといったように、だ。

インタビューで得た小ストーリーをすべて使うことはできないので、**使えないものは刈り込み、使えるものを残して整理する必要がある**。この段階では、集めた小ストーリーの三分の一くらいは切り捨てるくらいの覚悟を持つべきだろう。書き手は多くを語りたがるものなので、切るか切らないかで迷ったら、切るのが正解だ。

ノンフィクションの主な型

小ストーリーの刈り込みと整理をする場合、大ストーリーとは別に、もう一つ念頭に置いておくべきことがある。〝作品の型〟だ。

ノンフィクションには複数の基本型のようなものがあり、それによって入れ込む小ストーリーが異なってくる。ゆえに、小ストーリーの刈り込みと整理を行う際、作品をどのような型にするのかを決めておくべきなのだ。

どのようなものがあるのか、代表的な九つの型を示したい。

○謎かけ型

最初に大きな謎かけを掲げ、書き手や登場人物がそれに挑み、解決できるかどうかは別にして何かしらの結論を出すという型である。事件ルポを筆頭に、サイエンスノンフィクション、歴史ノンフィクションなどにも広く用いられている。

『ハチはなぜ大量死したのか』（ローワン・ジェイコブセン）の冒頭は印象的で、地球の北半球で四分の一のハチが消えたというエピソードからはじまる。著者はこの謎を追うために野生の昆虫の生活環境の変化から地球の環境の変化までを調べ上げ、最後に問題を提示する。

○ヒーローズ・ジャーニー（英雄の旅）型

主人公の視点で、非日常の世界へ入り込み、そこで様々な経験をして、再び日常に戻ってくる型。

代表的なものとしては紀行や冒険が入る。角幡唯介さんの一連の冒険ものがそれだ。研究者が自らのフィールドワークをこの型で書く作品もある。『バッタを倒しにアフリカへ』（前野ウルド浩太郎）は、著者が学術研究の一環でアフリカへ行き、そこで様々な発見をし、最後は日本にもどってくる構造だ。

○人物伝型

特定の人物を、生い立ちから順に人生を描く型。評伝でよく用いられる。

ノンフィクションでは、単に人物を書くだけでなく、そこにどれだけ社会性を盛り込めるかが重要。リクルート創業者の江副浩正を題材にした『起業の天才！』（大西康之）、ソフトバンクの創業者孫正義を題材にした『あんぽん』（佐野眞一）など、企業の経営者の人物伝が、ビジネス本としても愛読され、ベストセラーになることも多い。

また、無名の人物の評伝では、著名人を軸にしてその無名の人物がどのような影響を与えたかを描く方法もある。『豊田章男が愛したテストドライバー』（稲泉連）ではトヨタの会長・豊田章男と、若い頃の彼に運転技術を教えた成瀬弘との関係を書くことで、その人物の偉大さを明らかにしている。

○体験記型

書き手がある出来事の稀有な当事者となり、その目線で自身の体験や感じたことを書き綴る型。

事件や事故の当事者が実体験を書く作品もあれば、闘病記など個人的な体験を書いた作品もある。前者であれば、国策捜査に巻き込まれて逮捕された体験をテーマにした『国家の罠』（佐藤優）、後者であれば、大学院在籍中の難病体験をユーモアなタッチで描いた『困ってるひと』（大野更紗）がある。

○群像劇型

一つの作品の中で、複数の登場人物を主人公として並列に位置づけて展開していく型。登場人物全員が、一つのことを目指して挫折を味わいながら突き進む姿が描かれることが多い。

『理系の子』（ジュディ・ダットン）は、アメリカで開催された科学オリンピックに参加した高校生たちをテーマにした作品だ。様々なバックボーンを持った少年少女がユニークなアイディアを形にして優勝を目指して戦う。

○社会派エッセイ型

大きな社会問題を、書き手が自身の身の回りの事象からエッセイ風に書く型。体験記型と似ているが、自分自身の体験をベースにするというより、周囲の人たちの身に起きたことを掘り下げていって、社会的なテーマに接続していく手法だ。『ぼくはイエローでホワイトで、ちょっとブルー』のように家族の日常体験から社会問題を考えていくような作品が典型例。

○社会問題検証型

特定の社会問題をテーマに、それにかかわる人々に話を聞いたり、出来事を追ったりしながら、問題の核心を浮き彫りにしていく型。主に書き手の一人称でロードムービー風に書かれることが多く、社会性が強いのが特徴だ。

『死刑』（森達也）では、著者の森さんが死刑をテーマに、弁護士、刑務官、死刑囚などと話をしながら、死刑の実態に迫っていく。

○資料駆使型

貴重な文献などの資料を細かく検証し、これまで知られていなかった事実を浮き彫りにす

図11　ノンフィクションの代表的な型

謎かけ型

最初に謎を提示し、そこに挑んでいくメジャーな形式

ヒーローズ・ジャーニー（英雄の旅）型

主人公の視点で挫折・成長を描き出す

社会派エッセイ型

社会問題について身近な事象からエッセイ風に描く

人物伝型

特定の人物を生い立ちから順に人生を記述する

社会問題検証型

関係者取材を通して特定の社会テーマを深掘りする

体験記型

稀有な体験を当事者として描き出す

資料駆使型

稀少な文献をもとに新事実を浮き彫りにする

群像劇型

複数の人物が並列的に活写され、絡み合う

証言集型

一つのテーマに関係者の証言から切り込む

る型。歴史、政治、科学など様々な分野で用いられる。

昭和20年8月14日の御前会議でのポツダム宣言受諾の決定から、玉音放送を流すまでの24時間を書いた『日本のいちばん長い日』（半藤一利）では、ある軍人から入手した手記を元に物語が構成されている。

○証言集型

一つのテーマについて、1人ないしは複数の証言を話し言葉で記す型。

『在日一世の記憶』（小熊英二、姜尚中編）のようなインタビュアーが登場せずに証言集に徹するものから、『アンダーグラウンド』（村上春樹）のようにインタビュアーが登場したり、感想を述べたりするものまである。


ここに紹介したように、ノンフィクションには代表的な型がある。

大ストーリーを決めた後は、これらのうち、どの型で書くかをイメージするようにしたい。そうすれば、小ストーリーの刈り込みと整理が、比較的容易になる。

「これは社会問題検証型だから、この人とこの人は入れるのをやめておこう」とか、「社会派エッセイ型だからこのエピソードを入れて、そこに私なりの思いを書き足そう」といったように考えられるのだ。

ちなみに、私が『遺体』の構成を考える際は、群像劇型を選んだ。それによって、取材をした人の中から職業別に登場人物を十数人選定し、彼らの小ストーリーを並列に並べていく書き方にしたのである。

テイストとしてのジャンルを意識する

ここまで大テーマを決めて、型をイメージしながら小ストーリーを選んでいく流れを見てきた。

何度か述べたことだが、ノンフィクションの執筆は、取材で集めた素材を選別し、削り、尖らしていく作業である。それが適切にできているかどうかが、作品の良し悪しに直結する。

とはいえ、取材で苦労して集めた素材は、ようやく見つけた四つ葉のクローバーのように、貴重で愛着のあるものだ。テーマに合わないからといって、おいそれと捨てにくいというのが書き手の心理である。

振り返れば、私自身もそうだった。今でこそ、ノンフィクションは削る作業だと割り切れるが、初めの頃はあれもこれもと無理にでも詰め込もうとした。

だが、それをすれば、優秀な編集者からバッサリ「ここは不要」と指摘され、泣く泣く削る羽目になる。それをくり返すことで、削ることへの意識が高まっていく。

職業的な書き手であれば、こうしたダメだしを年に何十回と経験するうちにレベルアップしていくが、まったくの素人だと、カルチャーセンターなどに通わない限り、そうした機会が少なく、なかなか自ら削る力が身につかない。

そこで私が作品から余分なものを削ぎ落とし、切れ味のいいものにするために一つ提案したいのが、フィクションにおける**「ジャンル」をイメージして文章を書く**ようにすることだ。これは私自身が初期の頃から意識して行っていたトレーニング法である。

小説や映画の世界には、確立されたジャンルと呼ばれるものがある。小説でいえば、ミステリ、ＳＦ、恋愛、青春、冒険、時代、ファンタジー、ホラーなど。映画なら、ロードムービー、アクション映画、パニック映画、戦争映画、任侠映画、コメディーなどだ。

フィクションの分野では、それぞれのジャンルに専門の文学賞や映画賞が設置されていたり、系譜があったりする。ミステリのように、本格ミステリ、ハードボイルド、スパイ小説、法廷ミステリ、クライムノベルなど多様に分かれているものもある。

一体、なぜこうしたジャンルが存在するのだろう。端的に言えば、**テーマをよりシンプルに浮かび上がらせ、読者にとって読みやすい作品にする**ためだ。

もし一つの作品に複数のジャンルの要素が入っていたらどうか。一つの小説にミステリとファンタジーと冒険とＳＦが入り混じっていたら、物語のラインが絡み合って、読者は何を追って読み進めればいいのかわからなくなるだろう。

だからこそ、ジャンルを特定する必要があるのだ。

本格ミステリというジャンルにすれば、それに不必要な要素をすべて削除し、ストーリーをトリックの解明一本に絞ることができる。読者はトリックの謎解きを追って読めばいいので理解度は格段に高まる。同じように、恋愛なら読者は男女の気持ちのすれ違いや心理の変化を追っていけばいいいし、冒険ならゴールを目指しながら奮闘する姿を追っていけばいい。

ノンフィクションではどうだろうか。フィクションにはこれだけたくさんのジャンルがあるのに、ノンフィクションではほとんど区別されることがない。かろうじて評伝、紀行、闘病記、事件ルポ、スポーツといった呼び方があるくらいだ（だから、これらの作品は比較的まとまりやすい）。

私は作品をよりシャープなものにするためには、ジャンルを意識することが非常に有効だと確信している。構成を考える段階で、この作品はこのジャンルのイメージで書き上げようと決めるのだ。そうすれば、構成を練ったり、執筆したりしている際に、ジャンルに照らし合わせて、それに当てはまらない素材を大胆に削ぎ落とすことができるので、物語のラインが鮮明になる。

古今東西のたくさんの名作ノンフィクションを読んでみれば、著者がどこまで意識していたかは別にして、ジャンルが浮き上がっている作品も少なくない。ここでは二つ挙げてみよう。

一つ目は、『殺人犯はそこにいる』（清水潔）だ。北関東で起こった連続幼女誘拐殺人事件を題材にした作品である。

北関東で一連の事件が起きた直後、ある男性が警察に逮捕され、殺人犯として無期懲役の判決を受けた。だが、最高裁の判決から9年後、この男性は冤罪で無罪とされる。ならば、真犯人は誰だったのか。

著者の清水さんは、事件を洗い直し、ある人物が事件とかかわっているのではないかと考える。しかし、警察は一向に動こうとしない。清水さんは独自取材を進め、その人物と事件の接点を掘り起こしていく……。

読んでいただければわかるが、この作品はクライムノベルとして書かれている。捜査する著者の清水さんが主人公になり、事件を調べる中で様々な壁にぶつかったり、駆け引きを行ったりしながら真犯人を追い詰めていく。

ジャーナリズムの定義では、「調査報道（自ら調べて報道する手法）」になるが、通常マスメディアの記者が行うそれは客観性が重視され、主人公（書き手）が透明な存在であることが多い。ところが、この作品は著者の清水さんが前面に出てきて、色々な人と衝突したり、社会の不条理に直面したりしながら事件の深淵へ突き進む様が描かれている。このため、読者は極上のクライムノベルを読んでいるような感覚に陥り、最後は衝撃の結末を迎えることになる。

二つ目として挙げられるのが、『聖《さとし》の青春』（大崎善生）だ。

これは、29歳で亡くなった「天才棋士」と呼ばれた村山聖の人生を描いたものだ。聖は幼い頃にネフローゼ症候群という難病が発覚し、入院中に将棋と出会う。すぐにのめり込んだ彼は、瞬く間に実力を発揮し、プロ棋士となって、最大のタイトルの「名人」になることを目指す。彼の前に立ちはだかったのは、羽生善治を筆頭とした羽生世代と呼ばれた最強の世代の騎士たち。彼は彼らと名勝負をくり広げていくが、そこに病魔が立ちふさがって……といった物語だ。

著者の大崎さんは、若き日に将棋雑誌の編集の仕事をしていたことから、聖を間近に見てきた。配偶者も有名な元女流棋士だ。それゆえ、将棋のうんちくを語ろうと思えばいくらでも語れたし、家族への取材によって闘病記のような書き方もできただろう。

しかし、大崎さんは青春物語というジャンルの型にこだわって作品を書き上げた。村山聖という青年が、若さゆえの情熱と向上心を原動力に、努力・挫折・挑戦を体験しながら成長していくストーリー形式だ。

この作品でも、青春物語にとって余計なエピソードは徹底的に排除し、野球少年が甲子園を目指すように、将棋好きの少年ががむしゃらになって名人を目指す努力と挫折と挑戦の物語が描かれている。大崎さんが本のタイトルに「青春」の二文字を入れたのは、初めから青春物語のつもりで執筆したためだろう。

このように、著者が構成を考える際にジャンルの型を意識すれば、何を削って何を残すべきかがはっきりするので、物語全体がシャープになるのである。

作品にゴツゴツした手触りを入れる

ここまでノンフィクション作品をシンプルかつシャープなものにする方法を述べてきた。ただ、ノンフィクションではあまりにそれがすぎると、不思議と現実感が乏しくなるのも事実だ。のどごしが良すぎて、逆にストーリーが非現実的に感じられるという錯覚が生じるのである。最悪の場合、虚構の物語のように受け止められてしまう。

これを是と取るか、非と取るかは書き手によって違う。

欧米のノンフィクションには、ニュー・ジャーナリズムの作品をはじめとして極限まで削って小説のように書かれている作品が数多ある。たとえば、『ブラックホークダウン』『パブロを殺せ』で有名な米国のマーク・ボウデンなどがそうだ。

私もこちらの手法を好んで取る書き手だ。後で述べるように、私は12歳の子どもでも読めるノンフィクションを書くことを理想として掲げており、できるだけ文芸作品として磨き上げることで若い読者に手に取ってもらいたいという考えがある。

一方で、日本にはこれをリスクととらえる書き手も少なくない。そういう人たちは意図して文中に長い説明的な文章を挿入したり、ドラマ性を省いたりすることによってリアリティを出そうとする。

柳田邦男さんが興味深い発言をしている。沢木耕太郎さんとの対談の中で、小説家の吉村昭さんが数々の優れたノンフィクションを書き残していることを認めつつ、その筆致に次のような私論を述べているのである。

「私は吉村（※昭）さんの作品、素晴らしいし尊敬してるんですが、作品があまりにも完璧にできているんです。だから私はあえてそれにダダをこねるような意味で抵抗したかった。

（中略）

私がダダをこねるように抵抗するというのは、作品をあえてギリシャ彫刻のようにきれいにつくり上げるんじゃなくて、ほんとうに粘土をぶっつけて粗いゴッゴツとした、ディティールとか枝葉とかそういうものをもっと大胆にどんどん加えていっちゃう。あるいは『武蔵（※戦艦武蔵）』にしても『零戦（※零式戦闘機）』にしても技術的な話がかなりからんできますよね。そういう技術者の話なり技術の内容そのものについてもどんどん加えていくということで、もうちょっと粗っぽい形の方が今のわれわれの世代のノンフィクションなんじゃないかな、というようなことを思いましてね……」（『星をつなぐために』）

1981年の発言だが、一連の著作を読む限り、柳田さんはこうしたスタンスをほとんど崩さずに作品を書いてきたのだろうと思う。これによって、柳田さんの作品に手触りのある現実感が宿っているのは確かだ。

これはどちらのスタイルが良い悪いという話ではない。双方ともに一長一短あり、書き手は自身の哲学や作品のタイプによってどうするかを決めていくべきだ。

ただし、これから初めて本を書くという人は、できるだけストーリーをスマートかつシャープにすることを目指した方がいい。

そもそも、新人は余計なことを数多く書き連ねる傾向にあるので、付け足すより、削るテクニックを習得するべきだ。また、削る方法を身につければ自ずと付け足す程度もわかるが、先に付け足し方ばかり覚えてしまうと後から削る意識を持つことが難しくなるということもある。

先を見すえて、今どんな技術を習得すべきかを考えることも大切だ。

多彩な表現形式を駆使する

フィクションとノンフィクションは対立するものではなく、むしろたくさんの共通点があり、どちらを目指すかに関係なく、書き手はそれぞれの優れたエッセンスを吸収しなければならない。

柳田邦男さんにせよ、猪瀬直樹さんにせよ、高野秀行さんにせよ、ノンフィクションの名手は、文学に対する造詣が深く、意識してその手法を執筆のテクニックとして取り入れている。政治や科学のノンフィクションで有名な立花隆さんですら、大学時代までは大江健三郎さんのような純文学作家を目指していたほどだ。

沢木耕太郎さん、高山文彦さん、森達也さんに至っては自ら小説を手掛けているし、関川夏央さん、鈴木大介さんのように漫画原作者として高い評価を受けている人もいる。彼らは双方の手法を上手に使いながら、フィクションとノンフィクションの垣根を越えて活躍している人たちだ。

反対に、開高健さん、辺見庸さんなどの芥川賞作家が、文学の手法をノンフィクションに持ち込んで、歴史に残るような名作を書き上げていることもある。村上春樹さんもオウム真理教事件が起きた際に『アンダーグラウンド』という被害者へのインタビュー集を出しており、その筆致は非常に文学的だ。

フィクションもノンフィクションも同じ〝文芸作品〟という見地に立てば、その手法には高い互換性があるので有効活用するべきだ。ジャンル以外の手法として学びたいのは、「表現形式」だ。ここでいう表現形式とは、独白、往復書簡、対話形式、二人称での呼びかけ、日記文などである。

一般的な小説では、一人称、または三人称にして主役と脇役を決めて物語が展開されていく。それをすることで場面転換、登場人物の動き、会話のやり取り、心理描写などを自然な形で書き表すことができる。

ただし、設定によっては、このやり方が不適切なケースがあり、そういう場合は別の表現形式を用いることになる。たとえば、アルゼンチンの作家マヌエル・プイグの小説に『蜘蛛女のキス』がある。刑務所の牢屋の中で、ゲイで女装家の男性と、政治革命家の男性が出会い、とめどなく話をするうちに惹かれ合っていくという内容だ。

牢屋で初見の男2人が出会うという設定では、一人称や三人称の手法で書くのは得策ではない。牢獄という密室での行動は限られているし、かといって回想シーンや心理描写ばかりではワンパターン化する恐れがある。

そこでプイグはこの作品のほぼすべてを対話形式で描き切ることにする。スリリングで緊張感のある対話は読者を物語の深淵へと引きずり込み、最後は大きなカタルシスへと昇華させるのだ。

この作品に限らず、小説では様々な表現形式が用いられてきた。世間のイメージとは逆行するかもしれないが、太宰治は主に短編小説において多彩な形式の名作を数多く出している。

ノンフィクションの一般的な表現形式は一人称か三人称だが、本のストーリーや章立てによってベストの表現形式は違う。**一段上のレベルを目指すのであれば、構成の段階で何の表現形式が最適かを決め、使いこなせるようにしたい。**

日本でそれをもっとも実行してきたのが、沢木耕太郎さんだろう。作品全般を特異な表現形式で描いたものとしては、『流星ひとつ』が挙げられる。

この本は、歌手の藤圭子さんが突如引退を発表した後、沢木さんが彼女に会って、直接その真意を聞くというものだ。取材が終わり、構成を考える段階で、沢木さんの頭にはいくつもの手法が浮かんだだろうが、選んだのは対話形式と呼ばれるものだった。

本の冒頭は、ホテルのバーで沢木さんが藤さんと会うところからはじまる。二人はグラスを傾けながら、デビュー当時のこと、歌手としての全盛期のこと、引退を決めたきっかけ、今後のことなどをドラマチックに語っていくのだ。

対話形式で書かれているので、話が進むにつれて藤さんが打ち解けてきたり、沢木さんに心を許したり、人間としての強さを示したりするところが肌感覚で伝わってくる。きっと沢木さんは、藤さんの人間性を伝えるには、この形式がもっとも有効だと考えたのだろう。

この作品のように、全編を通じて一つの表現形式を貫くものもあれば、一冊の本の中で複数のスタイルを用いているものもある。お手本として示したいのが、『心にナイフをしのばせて』（奥野修司）だ。

この作品は、少年による殺人事件とその遺族をめぐる物語だ。１９６９年、私立高校に通う15歳の少年が、同級生を刃物で殺害し、首を切断した。事件当初は大きく報道されたが、加害少年は少年法に守られて矯正施設で短い時間を過ごした後、誰にも知られずに社会復帰した。だが、被害少年を失った遺族は、マスコミの取材攻勢や周囲からの視線に苦しみ、両親や妹は大きなトラウマを抱えて日常生活を営むのが難しくなり、思い描いていた人生が音を立てて崩れていった。

30年以上経ってから、著者の奥野さんは、この遺族に会いに行き、事件が家族に与えた傷跡を丹念に掘り起こす。この本で奥野さんが選んだ表現形式が、まず遺族や関係者たちの言葉を独白形式で描くことだった。事件の客観的事実を挟みながら、母、妹、親族などが事件から受けた苦しみを絞り出すように言葉にしていく。奥野さんは、その生々しい肉声から読者に事件が遺族に与える衝撃を伝えようとしたのだろう。

感心させられるのが、この作品が独白形式だけで終わらないところだ。後半では、加害少年が矯正施設を出た後、過去に蓋をし、弁護士として活躍している事実を明らかにする。彼は大きな収入を得ているはずなのに、遺族への賠償金を支払うことを拒否し、謝罪の意志すら示さない。

ここにおいて、奥野さんは独白形式をきっぱりと止め、今度は一般的な一人称に切り替え、元少年のもとを訪れて横暴さを描き出していく。後半になって表現形式を変えるという試みが、鮮烈な効果を出すことを示す作品だ。

　このように、表現形式は必ずしも全編を通して一貫していなければならないわけではない。作品を3章に分けて別々の表現形式で書いてもいいし、5章あるうちの1章だけを異なる表現形式で書いてもいい。私自身、『神の棄てた裸体』や『43回の殺意』といった作品では、全体のうち1章だけを独白形式にしたことがある。

　そういう意味では、本全体だけでなく、小見出しごと、章ごとに、どんな表現形式が最適かを考えるのが妥当だ。

時間軸から解き放たれる

　優れた作品には、かならず〝引力〟がある。すなわち、読者を引きつけるストーリーの力だ。

　ストーリーの引力は、いくつもの要素から成り立っている。テーマ、テンポ、文体、伏線、カタルシス……。そして欠かせないものの一つに、構成がある。優れた構成は、読者を物語に引きつける大きな力となるのだ。

　本の構成を練る時に、知らず知らずのうちに書き手にとって足かせとなっているもの――それは時間軸だ。

書き手は取材で得た素材を頭の中で時系列順にまとめて理解しているため、執筆の時も無意識に直線的な時系列に沿って構成しがちだ。事件ルポなら、犯人が借金に悩み、犯罪を計画し、実行し、逃亡し、警察に逮捕されるまでを日付ごとに追っていくといったようにである。

時間軸に沿って話を展開させるやり方は、書き手にはやりやすいが、往々にしてストーリーを間延びさせるリスクがある。特に、読者がある程度の予備知識を持っている出来事を題材にする本では、読者は「先が読める」「知っていることのくり返し」「結論が見えている」といった理由で読書欲が削がれてしまう。

こうしたことを避けるために、**書き手はできるだけ現実の時間軸から自由にならなければいけない**。大ストーリーを決めて、取材で得た小ストーリーを組み立てる段階で、一度、時間軸を捨て去り、どういう順番で書けば読者の読書欲をもっとも刺激できるか考え、それを優先するということである。

私が『43回の殺意』を書いた時がそうだった。2章で少し述べたが、事件の大まかな流れを書いておきたい。

当時、神奈川県川崎市に10代の少年たちのグループがあった。学校に適応できなかったり、家庭に居心地の悪さを感じたりしていた子どもたちが5～10人くらいで集まって、毎晩のようにゲーム、万引き、飲酒をして暇をつぶしていたのだ。

ある日、そのメンバーの17〜18歳の3人の少年が、13歳の少年に対して些細な誤解から一方的な被害妄想を膨らませて、リンチすることにした。そして真冬の深夜に多摩川の河川敷に連れて行き、代わる代わる作業用カッターで計43回以上切りつけ、殺害したのである。

この事件は、被害者の少年への同情も相まってメディアによって連日大々的に報道された。インターネットで大勢の人々が犯人捜しを行ったり、素人が加害者の自宅や被害者の葬儀の様子を動画配信したり、全国から人々が殺人現場へ押し寄せて大量の献花が行われたりした。また、加害者3人のうち2人がフィリピン人のハーフだったため外国人差別も沸き起こった。

私は取材を終え、構成を考えるに当たって、大半の読者は報道によって事件の概要を知っているので、時系列順に並べるだけでは飽きられる可能性があると危惧した。そこで時間の概念を取っ払い、テーマを事件の説明ではなく、事件を取り巻く家族の物語として章を組むことにした。

次は各章の下にあるのが「章タイトル」、カッコは「章の内容」、⬇時間は「本来の時系列の順番」だ。

プロローグ （被害者の父親が事件の知らせを受けて警察に行くまで） ⬇時間④
第一章 惨殺 （犯人らが少年を殺害する経緯） ⬇時間③
第二章 家族 （被害者の両親が家族を形成し、事件が起こるまでの流れ） ⬇時間①

第三章　逮捕（警察が遺体を発見して犯人を逮捕するまで）⬇時間⑤
第四章　犯人（加害少年たちの生い立ちと裁判）⬇前半は時間②、後半は時間⑥
第五章　遺族（被害者の父親の事件に対する独白）⬇時間⑦
エピローグ（取材を終えた後の思い）⬇時間⑧

こう見ていくと、四章の後半からエピローグの箇所以外は、すべて時系列がバラバラに配置されているのがわかるだろう。どのようにしてこの構成に至ったのか。

まず、プロローグでは、事件の衝撃性は周知のことなので、逆に静かな幕開けの方がいいと思った。それで家族と離れて暮らしていた実父が、寝耳に水のように事件の発生を聞かされ、何一つ詳細が分からないまま警察署へ向かうところからはじめた。

一章で書いたのは、加害者たちの犯行の様子だ。本来はクライマックスとして後半に配置されるべき内容だが、あえて前に持ってきたのは、事件の核心となる出来事を先に述べることによって、その後は事件の背景を掘り起こす展開にするためだ。

二章では被害者家族、四章では加害者の視点で背景を書くことにした。ただ、二つが連続するとワンパターンな印象になる。そこで二つの間に三章を設け、警察の捜査など当事者以外の要素を入れたのである。

二章から四章までで事件の背景を一通り掘り起こしたが、プロローグの伏線の回収作業と、事件の総括をする作業が残っていた。そこで五章では父親が事件に関する思いを独白する形式にした。

このように、時間軸から自由になれれば、単に事件のストーリーを追うだけのルポから脱却し、家族の物語という視点で描くことができる。そうすると、事件の内容を詳しく知っている人であっても、別の視点から読むことができるので、読書体験が新鮮なものになる。既知の事件ルポなのに、新しい視点で話が進んでいくからだ。

同じことは評伝、スポーツルポ、企業ルポなどでも当てはまる。作品の題材が有名な場合は、事実を起きた順番通りに書くのではなく、一旦バラバラにしてからテーマに合わせて再構成する工夫をしたい。

別視点の章をいかに組み込むか

断っておくが、私は時系列順に書くことがいけないと言っているわけではない。

題材が一般的に知られていない出来事だったり、物語や人物関係が複雑だったりする場合は、読者にとっては時系列で描かれていた方がわかりやすい。読者がいかに気持ちよく読めるかということを最優先しなければならない。

しかし、物語を最初から最後まで時系列に沿って進めると、テンポが一本調子になり、読者に平坦な印象を抱かれがちなことも忘れてはならない。

物語としては面白くても、１００ページ、２００ページとずっと同じ視点と同じ語り口で進んでいくと、リーダビリティに乏しく倦怠感が生じる。２００ページ以上の作品では、そのリスクはぐっと高まる。

とはいえ、題材の特質上どうしても時系列を崩したくない場合は、どうすればいいのだろう。

プロの作家がそれとなく使うのが、**物語の中間地点に別の視点をはめ込む手法**だ。『散るぞ悲しき』（梯久美子）を題材に、そのやり方を示したい。

これは、太平洋戦争で最大の激戦地の一つとなった硫黄島での出来事を、総指揮官だった栗林忠道を通して描いた作品だ。

当時、敗戦の色を濃くしていた日本軍は、爆撃機による本土への空襲を先に延ばすため、わずかな兵隊と軍備と共に栗林を硫黄島へ送り込んだ。栗林は自分の役目が、連合軍に勝利することではなく、この地で少しでも時間稼ぎをすることであると理解し、死の覚悟を決めて戦いを挑む。著者の梯さんは、栗林が残した家族への手紙や、遺族や元兵士へのインタビューをつみ重ね、硫黄島で起きた玉砕の真実を明らかにしていく。

作品の章立てが次だ。カッコ内は章の内容である。基本的には三人称の一般的な書き方だが、★は後述するような工夫がなされている。

第一章　出征（硫黄島への出撃）
第二章　二二キロ平米の荒野（硫黄島についての説明）
第三章　作戦（軍備に勝る連合軍に対する決死の作戦）
第四章　覚悟（玉砕を覚悟した上での戦い）
第五章　家族（栗林の家族への思い、あるいは家族からの思い）
第六章　米軍上陸（米軍の硫黄島への侵攻）
第七章　骨踏む島（★梯さんが硫黄島へ行った時の体験）
第八章　兵士たちの手紙（★硫黄島で戦った兵士たちの手紙の紹介）
第九章　戦闘（硫黄島での激戦）
第十章　最期（玉砕と栗林の死について）

太平洋戦争で硫黄島が激戦地となったことは、学校の歴史の授業なり、戦争映画なりを通して知っている人も多いだろう。ただ、総指揮官の栗林忠道の名前は初耳の人も少なくないはずだ。

こうなると、栗林忠道を主人公にして硫黄島での激戦を書こうとすれば、時間軸に沿って三人称で構成するのが一番わかりやすい。とはいえ、単行本で244ページになる作品で、ずっと時系列順で話が進めばマンネリ化が生じる。きっと梯さんはそう考えたのだろう。そこで、硫黄島での激戦がはじまる前に、七章と八章でまったく別の視点から硫黄島を描いたのだ。

七章は、梯さんが遺族による慰霊巡拝旅行に同行し、案内人や遺族に話を聞きながら、硫黄島の風土や戦争の跡を描くパートとなっている。栗林が立てこもった司令部壕はどういうところにあったのか、壕内の気温はどれだけ暑かったのか、戦場の中心地となった摺鉢山の景観や地面はいかなるものだったのか。そういったことを梯さんが旅を通して描くことで、リアリティを吹き込む。

八章は、硫黄島で死んでいった兵士たちが遺した手紙の内容を紹介するパートだ。ある手紙には家族への思いが書き残され、ある手紙には戦闘がはじまる前の島の牧歌的な情景が描かれ、ある手紙には死への覚悟がしたためられている。また、戦場で見つかった死んだ兵士が持っていた家族からの手紙も載せられており、戦死者たちがみな血の通った人間であったことが苦しいほどに伝わってくる。

このように九章から幕を開ける硫黄島の激戦の描写に入る前に、これまでとは視点の異なる七章と八章を組み込んだことによって、読者から倦怠感を取り除いた上で、ストーリーのクライマックスをよりリアリティを持って読めるような工夫がなされているのである。これはマンネリ化を防ぐだけでなく、**時系列順だけでは書けない内容を盛り込むことで、ストー**

リーをより重層化させているるともいえる。

漠然と読んでいると、なかなか気がつかないが、書く側に立った時は、こういう何気ない章立ての妙が効果を発揮することがわかるのである。

物語に引力をつける多視点法

最後にもう一つだけ、構成を考える時に活用できる手法を紹介したい。複数の登場人物の視点から一つの事象を多角的に見せていく〝**多視点法**〟だ。章や小見出しごとに、主人公の視点が入れ替わりながら展開されていく形である。

そもそも、現実の出来事は一つの因果関係によって成り立っているのではない。出来事にかかわる人の数ほど、異なる視点があり、それらの総体ででき上がっている。つまり、一つの事象であっても、人の数ほどパラレルワールドがあるということだ。

たとえば、事件が起きて、関係者が5人いたとする。当然、この5人が事件で体験したことや受け取り方は異なる。それゆえ、この5人の目線から事件を見ていけば、事件をより立体的に描くことができる。多視点法のメリットは、このように出来事を多角的に表せるところだ。

ただ、この手法にも弱点がある。ストーリーの中の視点が増えれば増えるほど、読者に混乱を生じさせる可能性が高まる点だ。視点が多い分、読者が途中でそれを見失って迷子になりかねない。

私はこの多視点法を使う時こそ、構成を時系列順にするのが効果的だと考えている。このように並べるメリットは、何と言っても「わかりやすさ」である。内容が多少込み入っていても、時系列順になっていれば、読者は流れを押さえながら読めるので理解しやすい。同時に、そこに孕むマンネリ化のリスクも多視点によって解消できる。

多視点法で書かれた作品としては、『テロルの決算』（沢木耕太郎）がある。

題材は、1960年に、東京の日比谷公会堂で行われた3人の党首による立会演説会で起きた事件だ。社会党委員長だった浅沼稲次郎が壇上に立って演説をはじめたところ、会場にいた右翼の17歳の少年、山口二矢《おとや》が飛びかかり、短刀で刺殺したのである（山口は逮捕後に送られた少年鑑別所で自殺）。

なぜ山口は10代半ばにして右翼思想に染まり、どんな経緯で浅沼委員長を聴衆の前で殺害したのか。沢木さんはそれを描くために、時系列に従った多視点法を用いた。

構成のポイントは二つある。一つ目が前半と中盤では時間軸に沿って山口と浅沼の視点を交互に入れ替えながら進めていく点で、二つ目が後半のクライマックスでは2人の周辺の関係者の視点を盛り込んでいく点だ。

次が本の章立てだ。カッコ内が章の大まかな内容。★が視点だ。

第一章　十月の朝（事件の朝）★前半が山口、後半が浅沼の視点。
第二章　天使、剣をとる（山口の生い立ち）★全編が山口の視点。
第三章　巡礼の果て（浅沼の生い立ち）★全編が浅沼の視点。
第四章　死の影（事件へ至る経緯）★山口⬇浅沼⬇山口の順。
第五章　彼らが見たもの（刺殺事件）★山口と浅沼の視点の後、刺殺の直前から直後の現場を会場にいた記者、司会者、中継スタッフ、警察官、政治家などの視点で描く。また、会場の外で事件を知った浅沼の娘や妻の視点もある。
第六章　残された者たち（山口の自殺）★浅沼の妹、山口の友人、教師、叔父、父、保護師、右翼団体、政治家秘書の視点。
第七章　最後の晩餐（山口の取り調べと自殺）★山口、山口の父、母、弁護士、警察官、少年鑑別所の職員の視点。
終章　伝説再び（後日譚）★医師の視点。

この本では、一章がプロローグに近い役割を果たしているので、例外的に時系列がずれているが、本編はすべて時間軸に沿って話が展開されている。そして二章から五章の前半までは物語を整理するために山口と浅沼の目線を交互に示し、クライマックスの五章の最初以降は山口と浅沼の視点を捨て、大勢の関係者の視点で進んでいく。最後の終章では、事件に関わった医師の視点で後日譚を述べて幕を閉じる。

作品に登場する視点だけでも20人を超えるが、違和感なく読み進められるのは、展開を時間軸に合わせているからだ。逆にいえば、そこを押さえておけば、登場人物の視点が多くなっても読者を混乱させずに済む。

沢木さんが何をヒントにこうした手法を用いたのかわからないが、こちらも小説では古くから使われている手法なので、それを参考にした可能性は高い。

私自身も『遺体』で16人の登場人物からなる時間軸に合わせた多視点法を用いたが、ヒントにしたのは殺人事件を多視点法で描いたミステリ『悪人』（吉田修一）だった。『テロルの決算』とは違い、最初からたくさんの人々の視点で展開されており、かつ事件という吸引力を備えながら、冷静に一個人の「今」を追っている。私は『遺体』の構成を考えた時、『悪人』の形式とテンポを災害に当てはめれば、より効果的だと確信し、この手法を採用したのである。

本章では、本の構成について大テーマの設定法から型やジャンルの力を借りることまでを見てきた。フィクションの手法を借りるということも含め、本を書く時にどこから何に手をつければいいのかの足がかりにしてもらえたらと思う。

覚えておいてもらいたいのが、もしプロを目指すのならば、日頃から小説、映画、演劇、漫画、落語など、ノンフィクションとは別のジャンルの作品に積極的に触れて勉強してほしいということだ。

他ジャンルの手法を学び、その効果を肌で感じ取り、ノンフィクションに応用できないかを考え、短編でいいから実際に何度も書いてみる。日々のこのようなつみ重ねの中で、その手法を自らの手に馴染ませることが大きな成長を生むのである。

第6章

「見上げて」「驚く」ライティング術

書き手の視座で表現は激変する

フィクションの書き出し、ノンフィクションの書き出し

本の構成を決めて、いざ書くとなると、最初に立ちふさがるのが「書き出し」の壁だ。書き出しとは、冒頭の一行、ないしは入りのワンシーンのことである。

文章術の本には、よく「書き出しが作品を決める」といったようなことが書かれている。とりわけ小説作法では、その重要性が強調されてきた。小説家の中には、書き出しだけで何週間も悩み、それがうまくいけば最後まで一気に書き上げられるという人もいるほどだ。

次は、ピアノの調律師の世界を描いた小説『羊と鋼の森』(宮下奈都)の書き出しだ。

森の匂いがした。秋の、夜に近い時間の森。風が木々を揺らし、ざわざわと葉の鳴る音がする。夜になりかける時間の、森の匂い。

問題は、近くに森などないことだ。乾いた秋の匂いをかいだのに、薄闇が下りてくる気配まで感じたのに、僕は高校の体育館の隅に立っていた。放課後の、ひとけのない体育館に、ただの案内役の一生徒としてぽつんと立っていた。

目の前に大きな黒いピアノがあった。大きな、黒い、ピアノ、のはずだ。ピアノの蓋が開いていて、そばに男の人が立っていた。何も言えずにいる僕を、その人はちらりと

見た。その人が鍵盤をいくつか叩くと、蓋の開いた森から、また木々の揺れる匂いがした。夜が少し進んだ。僕は十七歳だった。


非常に美しい書き出しで、一気にピアノ調律師の深く広大な感覚世界に誘われる。

だが、改めてノンフィクションの書き手としてこれを読むと、フィクションとノンフィクションの書き出しの違いを考えさせられる。名文であることは確かだが、これがどこまでノンフィクションに適用できるかと言われれば微妙なのだ。

ノンフィクションの名作とされる作品を丁寧に読んでみると、修辞的技巧（レトリック）を駆使した文学的な文体で書かれているものはそう多くない。フィクションに比べるとかなり平易な文体で書かれていることが大半だ。

また、描写だけで物語が展開しつづけることも稀だ。ノンフィクションでは、最初の数行が風景や人物描写だったとしても、早い段階で**その本の社会的な位置づけを説明するロジカルな文章**が入る。

たとえば、ノンフィクション作家の中では文学的な文体を好んで使う高山文彦さんであっても、代表作『火花　北条民雄の生涯』の冒頭は次のようになっている。


ある秘められた作家の生涯を、この世に蘇らせようという無謀な試みの旅に、私はこれから出発しようとしている。

無謀というからには理由がある。その作家は、生前はもとより、死後もなおしばらくのあいだ、まぼろしの存在とされていたのである。その作家はしかも社会とは切り離された場所でひっそりとしかし苛烈に生き、ひとりの高名な作家とひと握りの友人たちに見送られて死んだのだ。本名など知る由もない。知らないというより、彼自身によって棄て去られたのだった。


この作品の書き出しは、情景描写ではなく、説明的文章である。この本の位置づけを解説するところからはじまっているのだ。

『羊と鋼の森』と比べると、違いが歴然だろう。なぜこうなるのかといえば、冒頭においてフィクションとノンフィクションとでは求められているものが異なるためだ。

フィクションは、想像上の登場人物によって展開される架空の物語だ。書き出しの数行で、読者を日常世界から切り離し、架空の物語の世界観へと導いていかなければならない。

文学的な文体で物語世界にリアリティを吹き込むのは、それを実践するためだ。読者を魔法にかけ、それが覚めないうちにどんどん先へ読み進めさせていく。その点において、『羊と鋼の森』のような書き出しは理想的といえる。

他方、ノンフィクションでは、読者は舞台や登場人物が実在するものだと認識した上で読んでいる。出来事、場所、人物に対して、読者なりの知識を持っていることもある。そうしたリアルな題材を書き手があまりに文学的に書きすぎると、逆に読者を白けさせかねない。仰々しいと受け止められてしまうのだ。

さらに、読者は、ノンフィクションが書き手によって取材され、再構成された物語であることを認識している。作者がテーマを見つけ、足を運び、取材をして情報を引き出し、何かしらのことを伝えたいがために書いたのだとわかった上で手に取っているのである。ゆえに、彼らは読むに当たって次のような疑問を抱いている。

——なぜ著者はこのテーマを選んだのか、どのような角度で切り込もうとしているのか、今そこにどんな読むべき意義があるのか。

ノンフィクションの書き手は、できるだけ早い段階で、これらの疑問に一定の回答を示さなくてはならない。そうしなければ、読者が作品の位置づけを理解した上で、安心して読み進めていくことができないからだ。

ここが、ノンフィクションの書き出しに求められる特殊な部分なのだ。

プロローグに必要な二つの要素

ノンフィクションを書きはじめる場合、書き手は冒頭の数行をいかに美しく書くかということに集中するより、「プロローグ」という数ページのまとまった文章をしっかりと書き上げる意識を持った方がいい。

プロローグとは、「前書き」「序章」とも言い換えられる（これを設けずに、第1章の冒頭にプロローグに当たる文章を持ってくるケースもある）。作品によって分量は異なるが、私は２００ページ台の単行本を書く時は、２０００〜６０００字くらいをプロローグ、ないしはそれに当たる内容に割くようにしている。たとえば、本書のそれは約４０００字だ。

なぜ書き出しの数行より、プロローグをまとめることを重んずるべきなのだろう。それはプロローグに次の二つの要素を、なるだけ違和感なく盛り込まなければならないためだ。

1　作品の導入としての風景・人物・心理描写。

2　作品の位置づけと方向性を論理的な言葉で提示。

有名なノンフィクションに目を通すと、６、７割の作品は何かしらの描写で幕を開けている。風景や人物以外に、主人公が残した手紙だったり、事件の報道記事だったりの引用からはじまるものもある。

描写でスタートするのには理由がある。初《しょ》っ端《ぱな》に説明的文章がくると、読者に論文や批評のような小難しい本であるかのような印象を与えかねないからだ。それで読者が読む気を失くしたら元も子もない。だから描写で幕を開けることで、ドラマ感を演出した方がいいということになる。

冒頭を描写にする場合は、先述のように修辞技法を多用しない方が賢明だ。増田俊也さんはノンフィクションも小説も両方書いている作家だが、次のように両者の冒頭を比べると、小説の方が文学的な文章を書こうという意識が高く、ノンフィクションではそれを抑制しているのがわかる。

○ノンフィクション『木村政彦はなぜ力道山を殺さなかったのか』

昭和五十一年（一九七六）夏。

全日本プロレス事務所に三人の男が対座していた。

巨大なエアコンが音をたてて埃臭い冷気を吐き出し、ジャイアント馬場がくゆらす葉巻の紫煙を揺らしている。

岩釣兼生は、喧嘩になったらどうやって止めようかと気をもみ始めていた。横に座る拓大柔道部の先輩三原康次郎が、目の前で脚を組む馬場の態度に眉をひそめているのだ。体が大きいだけに膝の位置が高く、砂埃や毛髪のこびり付いた十六文の靴底が、岩釣たちの目の高さにある。柔道界にも大男は多いが、馬場の身長は二〇九センチもあるという。

○小説『七帝柔道記』

北の果て、北海道のディーゼル機関車は鉄塊のように重く、鉄塊のように硬く冷たい。その重厚な車体が、黒煙を吐きながらゆっくりゆっくりと札幌駅のホームに入っていく。明日から四月だというのに、ホームのあちこちにまだ雪が残っていた。ディーゼル機関特有のガラガラというエンジン音が駅舎のトタン屋根に反響し、客車内が小刻みに震え続ける。過ぎゆく車窓から、ロングコートを羽織ってホームに立つ鷹山真一が見えた。

このように比べると、小説の方が大胆に修辞技法が用いられ、読者を作品世界へ引き込もうとする書き手の意図が伝わってくるだろう。ノンフィクションの方にも修辞技法が使われてはいるものの、小説よりは抑え気味であり、それより状況の説明に力点が置かれている。これが小説家ではなく、ジャーナリズム色の高い書き手の冒頭となると、よりロジカルな表現になる。次は『でっちあげ』（福田ますみ）の書き出しだ。

火付け役は朝日新聞である。平成15年6月27日の西部本社版に、「小4の母『曾祖父は米国人』 教諭、直後から「いじめ」」という大きな見出しが踊った。そのショッキングな内容に地元のあらゆるマスコミが後追い取材に走ったが、その時点ではまだ、単なるローカルニュースに留まっていた。

これを一気に全国区にのし上げたのは、同年10月9日号の「週刊文春」である。「『死に方教えたろうか』と教え子を恫喝した史上最悪の『殺人教師』」。目を剝くようなタイトルと教師の実名を挙げての報道に全国ネットのワイドショーが一斉に飛びつき、連日、報道合戦を繰り広げる騒ぎとなった。

ここでは修辞技法もほとんど使われていない。福田さんは世界観を演出するより、事実を客観的に並べることによって読者を作品世界へ誘おうとしているのである。ノンフィクション全体でいえば、福田さんのこの文体くらいがスタンダードかもしれない。

とはいえ、ノンフィクションの中でも、紀行文や戦場ルポのようなものは文学的な文体で書かれているものが多い。これらの作品では、読者に未知の世界に入り込んでもらわなければならないので、小説風の書き出しになる傾向にあるのだ。

次は、冒険ルポ『雪男は向こうからやって来た』（角幡唯介）のプロローグの冒頭だ。

肌を焼く強烈な日差しから逃れるため、わたしはネズミのようにもぞもぞとブルーシートの屋根がつくる日陰に潜り込んだ。双眼鏡をのぞき込み、目の前に広がる雪の山々に目を凝らしたが、それらしきものは何も見えない。グルジャヒマール南東稜の広大な斜面には雪が厚く張りつき、陶磁器の名品みたいな滑らかな光沢を放っていた。振り向くとダウラギリヒマールの山々へと続く岸壁が、黒い地肌を放埒に太陽のもとにさらしている。

冬のヒマラヤを支配するのは完全な静寂である。セラック（氷塊）が崩壊する時の脅迫めいた不気味な轟音が時折、乾いた空気を打ち破る。だがそれ以外は重苦しいほどの静けさが、周囲数十平方キロメートルにわたって、あらゆるものの動きを止めていた。ゴチック建築の大聖堂の中にひとり閉じ込められたような窮屈な重みに、そこでは耐えねばならなかった。

時間すら流れていることを否定したくなるような完璧な静寂。ここには他に誰もいない。

ヒマラヤ山中の細やかな情景は、日本の読者にはなかなか想像しにくい。そのため、レトリックを多用した描写で一気にその世界へ運び込む必要が出てくる。

もう一つ、プロローグに組み込まなければならないのが、2の作品の位置づけと方向性を論理的に説明するということだ。

読者はノンフィクションを読む際、その社会性がどこにあるのかを知りたいと思っている。

詳細に書く必要はないが、プロローグの段階で作品の社会的な位置づけと方向性のようなものを大雑把にでも提示した方が、読者は納得して本編を読み進められる。この本は、このような社会的意義を持っていて、著者はこういう方向性で書きますということに簡単に触れておくのだ。

ただ、作品全体に当てはまることだが、論文や批評で使われるくらいの硬い文体を用いるのは避けよう。小説ほど文学的である必要はないと書いたが、逆に論文や批評のような文体だと堅苦しい印象を与えてしまうので、先の福田さんくらいの冷静に事実を書き綴るようなストイックな文体の方が合っている。

では、プロの作家は、どのようにこの二つを冒頭に組み込んでいるのだろう。プロローグをすべて引用するわけにはいかないので、要点だけ押さえて考えてみたい。

『戦争広告代理店』（高木徹）は、ボスニア紛争の裏で行われたＰＲ会社の激しい情報戦を描いたものだ。ＰＲ会社が意識的に国民の戦意を高揚させたり、民族対立を煽ったり、世界の世論を味方につけたりしていた実態に光を当てているのである。

序章の前半の６割は、戦争の情報戦に勝利したボスニア・ヘルツェゴビナの首都の繁栄した様子と、敗北したセルビア共和国の首都の荒廃した様子の情景描写が対比的に行われている。そして残りの４割弱で著者の高木さんが、ＰＲ会社が戦争に与えた影響や本の執筆経緯を説明する。つまり、６（描写）：４（説明）の比率で、二つの要素を入れているのである。

もちろん、二つの分量の割合は作品によって異なる。

すでに紹介した本でいえば、『殺人犯はそこにいる』のプロローグでは、描写にあたる部分は冒頭の1割で、残りの9割は本の位置づけと方向性の説明となっている。『エンジェルフライト』に関してはプロローグ自体を置いていないので、1章にあたる部分をすべて描写で埋め、2章にあたる部分の冒頭で作品の位置づけと方向性を示している。

配分はそれぞれだが、全体的な傾向としては、**なるべく早い段階で二つの要素を入れておいた方がスムーズに物語が展開する**といえるだろう。

冒頭の「型」

本の冒頭部分は、レストランにとっての外観のようなものだ。読者はそれを一読して続きを読むかどうかを考えたり、本の印象を大雑把に作り上げたりする。言ってしまえば、本の〝顔〟である。

そのため、冒頭は様々な趣向を凝らして作られ、いくつか型のようなものができ上がっている。主なものを紹介しよう。

○決意表明型

ノンフィクションではもっともメジャーな手法。まず本のテーマとなる「謎」「問題」を示した上で、本編ではこれを紐解いていきますと書き手が決意表明するもの。

『死の淵を見た男』（門田隆将）では、福島第一原発事故の際、現場の関係者がどのように事故と向き合っていたのかが未だ明らかになっていない現実を述べる。その上で、著者の門田さんが当時の所長・吉田昌郎氏に直に会うことに成功したので、これからその一部始終を明らかにすると決意を示す。

ジャーナリズム色の強いノンフィクションは、決意表明型の冒頭が多い。

○前日譚型

物語の本編がはじまる少し前の段階を描く。

紀行であれば、主人公が旅の準備をしているシーンや、飛行機でどこかの国へ降り立つシーン。災害であれば、それが起こる直前の町の穏やかな風景など。ここがスタートですよ、というメッセージを読者に送った上で、本編へ入っていく。

『謎の独立国家ソマリランド』（高野秀行）では、日本でソマリアのことを聞いて関心を持ったもののほとんど情報がなかったため、自分の目で確かめに行くことにしたという旅をはじめることになった経緯が書き綴られている。

この型では、冒頭で書かれた書き手の心境が、本編（旅や取材）を通してどのように変わっていくかを示すのに有効だ。

○後日譚型

物語がすべて終わった後の話を冒頭に持ってくる。

政治家が引退した後に自宅で現役時代のことを回想しているシーンだとか、亡くなった実業家の墓の前に著者が立っているシーンなどからはじめるパターンだ。冒頭で後日譚を示した後、本編ではそこに至るまでの物語を描く。

評伝などでよく使用される型であり、ヤマト運輸の元社長・小倉昌男の評伝『小倉昌男 祈りと経営』(森健)では、小倉氏ががんになって病死したエピソードから幕が開く。

○衝撃シーン型

物語の中でもっともインパクトのある場面を冒頭に持ってくるやり方だ。

事件ルポであれば、事件が起きた瞬間のシーン。スポーツであれば、大会に優勝したシーンなどを初めに描く。

太平洋戦争が終結した1カ月後、日本を襲った枕崎台風を描いた災害ルポ『空白の天気図』(柳田邦男)では、冒頭から巨大な台風の被害と、それに格闘する人々の姿が描かれている(236頁参照)。

この型を用いれば、冒頭から読者を物語世界に釘付けにすることができる。ただし、冒頭のインパクトがあまりに激しく、本編の内容がそれに伴わない場合、どうしても作品が尻すぼみしていく印象を読者に与えるリスクがある。『空白の天気図』のように、本編がそれに堪えうる内容かどうか踏まえて、この型を採用するかどうかを決めたい。

○象徴シーン型

作品の内容を象徴するワンシーンを最初に持ってきて、作品の空気感を示唆する手法。

『深夜特急』（沢木耕太郎）がそれにあたる。沢木さんのユーラシア大陸横断の旅のスタート地点は香港だ。だが、本の冒頭は、旅の中間地点に当たるインドの安宿で目を覚ましたところから幕を開ける。沢木さんが、今から南のゴアへ行くか、北のカシミールへ行くか迷う場面が描かれているのだ。

意図して時系列をずらして、インドでの朝を最初に持ってきたのは、それがバックパック旅行の「日常」であることを示すためだろう。これから書く旅は、このようなスタンスで行われていますと読者に布石を打っているのである。

○分岐点型

物語の中で運命の分かれ道ともいうべきシーンを書く。物語の中間地点であることが多い。

冒頭で物語のこの時点が分岐点になりますよ、と予告する意味がある。ストーリーの簡単な案内図のようなものだ。これがあることで、読者はここで物語が転換すると理解して読み進められるし、分岐点を過ぎれば新たな話の展開に注目する。

『天才　勝新太郎』（春日太一）では、勝新太郎の運命を大きく変えた黒澤明監督『影武者』へ出演するために京都の撮影所から出発する場面からはじまっている。

○内省型

なぜこの本を書くのか、なぜこの取材をするのかといったことを、自分の気持ちと向き合って考え、その理由を描く。

『もの食う人びと』（辺見庸）では、どうして世界の紛争地や貧困地帯を巡る旅をするのかについて、自分の内面に問いかけるような書き方で説明している。

具体的な言葉で作品の位置づけを示す点では便利だが、著者の独りよがりになる危険もあるので気をつけたい。


このようにノンフィクションの冒頭の書き出しの型は複数ある。どれをどのように使うかは、書き手次第だが、一つ注意したいことがある。

いざ、本を書きはじめようとする時、書き手は長い航海に出るような高揚感を抱きがちだ。

何が何でも、後世に残る名作を書き上げたいと意気込む。

高い士気を持って挑むのは悪いことではないが、あまりに強すぎると、冒頭で描くエピソードが大仰になりがちだ。勢い余って過剰な表現を駆使し、冒頭を壮大なシーンで埋め尽くすのである。

私はこれを〝頭でっかち〟と読んでいる。頭の部分が大きくなりすぎて、本編とのバランスが取れなくなるのだ。

たとえば、「山ガール」の女子大生が富士山の登山についての紀行文を書こうとしたとする。冒頭に富士山を描写しようとして、「山梨県を襲った記録的な暴風雨の中で、富士の山は巨人ギガンテスのように私の前に立ちふさがっていた。富士は空を覆いつくす黒雲の天井を、その白い頭部で突き破り、獣のように咆哮している」などと大げさに表現したらどうだろう。後から本編で書かれる女子大生のトレッキングのシーンが、どうしても合わなくなってしまう。

ここからわかるように、冒頭のシーンを仰々しくするのは危険だ。むしろ、**小さな描写やエピソードからスタートし、本編を読み進めるうちに徐々にスケールが大きくなっていくイメージ**の方が読者には受け入れられやすい。

物語には、〝サイズ感〟というものがある。冒頭シーンを書く時は、作品全体のそれを正確に把握した上で、適したサイズのエピソードで書きはじめるのがいいと思う。

書き手は全知全能の神ではない

文章を書いている時に、テーマや構成と同じくらい重要なことがある。書き手が目線をどこに置くかということだ。登場人物や出来事に対する目の高さである。

大きく分ければ、次の三通りだ。

1　上から見下ろす。
2　フラットな視点で見る。
3　下から見上げる。

なぜ目線の位置が大事なのか。書き手がどこから見るかによって、対象の書かれ方がまったく違った印象になってくるからだ。

老人ホームのヘルパーだって、入所している高齢者を「ぼけ老人」と上から目線でとらえていれば乱暴な扱い方になるし、「人生の先輩」と謙虚な姿勢で見上げていれば配慮ある扱い方になるだろう。文章を書くことにおいても同様で、書き手がどの位置から対象を見ているかによって、表現がまったく変わってくる。

この三つの中で避けなければならないのが、1の「上から見下ろす」だ。書き手が尊大になり、登場人物や出来事を上から目線でジャッジするような表現になる。

読者は文中のちょっとした表現からそれを感じ取る。たとえば、「最近の若い女性たちは」「在日外国人にはありがちだが」「甚だ嘆かわしいことに」といったフレーズだ。読者はこうした一文から、書き手が登場人物を見下ろしているようなイメージを抱く。

また、書き手の自慢のように受け取られる表現も控えるべきだ。「彼は私と同じく東京大学の出身だが」「私も年収2000万円以上あるのでわかるが」「私も一時期好んで買い集めていたエルメスは」といった表現である。事実であっても、一々書く必要はないだろう。

書き手が登場人物をジャッジするのもよくない。「結局、彼の努力が足りなかったということだ」「誰一人としてこれに同情する者はいないだろう」「批判されてしかるべきだ」……。仮にそうだったとしても、書き手が断言すべきことではない。

ややこしいのは、大半の人は無意識のうちにこうした表現を使いがちな点だ。なぜ、そうなるのか。理由は二つある。

一つが、書き手が作品の創造主であるがゆえの悲しい宿命だ。文章を書く作業において、書き手はある意味において〝全知全能の神〟となって物語を編んでいる。それゆえ、いつの間にか、すべてをわかっている自分が、登場人物や事象の良し悪しを判断した上で、読者に伝えてあげている、という姿勢になりがちなのだ。

もう一つが、ワイドショーやYouTubeの口さがない批評家の影響だ。こうしたメディアの中では、社会的に地位の高いコメンテイターが、高みから特定の人間の揚げ足を取り、こき下ろすようなことが日常的に行われている。悲しいことに、出版業界も例外ではない。結局のところ、そちらの方がウケが良く金になるからだ。こうしたメディアに浸っていると、知らず知らずのうちに同じように横柄な態度で文章を書いてしまう。

もし文芸作品としてのノンフィクションを書きたいなら、上から目線の書き方はするべきではない。こと新人に関しては言語道断と言っていい。**高みに立って見下ろせば、登場人物の視点で物事を見ることができないので、小ストーリーを正しく書くことができない。**読者にとっても、独善的な書きぶりは鼻につく。

もしかしたら、こういう声もあるかもしれない。

「私の読んだノンフィクションの中には、上から目線の作品が少なからずありました」

たしかに、他業界で活躍している著名人が本を出す際に上から目線のまま文章を書いたり、最初は低姿勢で書いていた人が大家となって高みから見下ろすようになったりすることもある。

ただ、こういう人たちはすでに高い社会的地位を持ち、数多くのファンを持っているため、上から目線で文章を書いても、マイナスの印象を抱かれにくい。むしろ、「大御所が○○節で語ってくれている！」と歓迎されることすらある。

だが、これから世に出る新人はもちろん、長年にわたって良作を継続して出している書き手は違う。目線の低さが一貫して保たれている。

高野秀行さんの作品を読んでもらいたい。高野さんはソマリアやイラクなど世界の辺境へ行って、不合理なこと、汚いこと、困ったことを嫌というほど体験しているはずなのに、本の中で一言たりとも批判めいたことは書かず、現地の人たちの目線であらゆることを受け入れるばかりでなく、絶えずそこから新しいことを吸収しようする姿勢を貫いている。これはなかなかできることではない。

ジャーナリズムにおける目線

ノンフィクションの中でも、とりわけジャーナリズム色の強い作品では、書き手が「上から目線」になりやすい。

これはジャーナリズムの役割が関係している。ジャーナリズムには単に情報を伝えるだけでなく、「社会正義の立場から悪を告発する」という機能がある。それゆえ、どうしても相手を〝斬る〟ようなスタンスになりがちだ。

私は、ジャーナリズムのこうした役割自体を悪いとは思っていない。政治家の不正、企業の不祥事など、どんどん斬ってもらいたい。

ただ、マスメディアの職業記者がやるのと、フリーの書き手がやるのとでは、読者の受け止め方に若干の違いが出る。

新聞やテレビであれば、記者は新聞やテレビ局の看板を背負って相手を斬るので、記者本人が前面に出ることはない。朝日新聞が斬っている、日本テレビが斬っているというふうに受け止められるので大義名分が成り立つ。

ところが、ノンフィクションの書き手は、著者名を出して発表する。著名なジャーナリストならともかく、無名のライターの場合は、売名目的で相手を斬りつけているようにとられかねない。読者から「この著者はどうしてここまで正義を振りかざすのか」とか「一介のライターがここまで書く必要性があるのか」と思われてしまえば報われない。

この壁をどう乗り越えればいいのだろう。同じ斬るにしても、どこから斬るかを注意深く考えることが大切だ。

例を出して考えてみよう。

プロ野球に、清原和博という名選手がいた。PL学園時代に出場した甲子園で脚光を浴び、プロになってからもスター街道をひた走り、23年間の現役生活で歴代5位のホームラン数を記録した。だが、引退後に野球から離れたことで迷走し、虚無感から覚醒剤に手を出し、2016年に逮捕される。

この事件をジャーナリズム的に報じようとすれば、どうしても清原選手の犯罪を批判しなければならない。その時、次の二つのうち、どちらの書き方が読者に受け入れられやすいだろうか。

Ａ「清原選手は法律を破って反社会組織から覚醒剤を購入して常用していた。犯罪に手を染めた者は法によって裁かれるべきである」

Ｂ「私の子どもが清原選手の活躍に憧れ、同じようなプロ野球選手になりたいと夢見ていた。事件以降、子どもは落胆して野球をやめてしまった。清原選手が子どもの夢を裏切った代償は大きい」

Ａの方が、上から目線で断罪しているように読めるのではないか。

これには理由がある。Ａは法律を守れというお上の立場（清原選手より上の立場）から批判しているのに対し、Ｂはプロ野球選手に憧れていた子ども（清原選手より下の立場）に寄り添いながら批判しているのだ。

つまり、**書き手が上の立場から物を言えば大上段に構えているように受け取られるが、下の立場や被害者に寄り添うようにして苦言を呈すれば比較的受け入れられやすくなる**のである。ジャーナリズム的なノンフィクションで、批評性のある文章を書く際は、こういう方法で目線を下げるのも一つだ。

ジャッジは禁物

もう一つ、読者が「上から目線」と感じるのは、先に述べたように、書き手が登場人物や出来事に対して〝審判〟を下す時だ。審判とは、これは良い、これは悪い、あるいは物事の因果関係を一方的に決めつけるようなことを示す。

文芸としてのノンフィクションは、ストーリーを通して読者に自由に何かを感じさせたり、考えさせたりするものである。そこが学術論文や批評とは決定的に異なるところだ。書き手はドラマの製作者であって、裁判官ではない。この認識が弱いと、書き手は無自覚のうちに登場人物や出来事に審判を下してしまう。

たとえば、ある有名な俳優が主演映画の上映が終わった後に自殺したとしよう。それを取り上げたノンフィクションで、次のような書き方をしたらどうか。

「彼の自殺の要因は、映画『〇〇』の評判が芳しくなかったからだ」

書き手は取材を通してそれなりの根拠を見つけだし、そこから自分なりに感じたことを述べているつもりかもしれないが、読者はこのように明確な言葉で書かれると、たとえ一理あっても「決めつけられた」「偉そう」と感じる。

そのわけを考えてほしい。

先にも述べたが、ノンフィクションは、マスメディアのように情報をフラットに流すのではなく、別の視点から深掘りしてストーリーを提示することで、読者に何かを感じさせたり、問題提起をしたりするものだ。読者はそのためにお金を払ってノンフィクションを手に取っている。

逆に言えば、読者はノンフィクションを通して人間や社会を見た後に、自分で考えて審判を下したいのである。この場合であれば、有名な俳優が自殺した理由とその意味を自分で考え、意味を付与したいのだ。だから、それに先んじて書き手に物事の善悪や因果関係を決めつけられると、「著者は何様のつもりなんだ」と反発する。

書き手は、**ストーリーを作ることで「どう思いますか」と提案するところまでが役目であって、そこから先の審判は読者に委ねる**べきなのである。

リアルタイム・ドキュメントに徹する

この流れで述べておくと、書き手がすべてを知り尽くした専門家として作品を書き綴っていくのも逆効果だ。

書き手は本を書くに当たって、たくさんのことを調べているし、取材しているので、豊富な知識を持っている。ある意味、専門家以上に専門家になっていなければ、一般読者に向けて膨大な情報を整理し、切り取っていくことなど不可能だ。

だが、執筆中、書き手は専門家ではなく、「ストーリーの進行役」に徹しなければならない。大学の教員のように一段高いところから結論ありきで学生に学識の一部を教えてあげるのではなく、登場人物と同じ〝市井の目線〟で作品を構築していくのだ。

これを実現するためには、書き手は読者と共に登場人物の喜怒哀楽を共有しながらストーリーを進めていく必要がある。私はこれを〝**リアルタイム・ドキュメントの手法**〟と名づけている。

ゲームで考えてみよう。『ドラゴンクエスト』はなぜ面白いのか。プレイヤーが主人公たちと同一化して、モンスターが出てきたらびっくりし、宝物を手に入れたら喜び、ラスボスが出てきたら怖がりながら必死に戦うからだろう。製作者による余計な説明が極力省かれ、リアルタイムでストーリーが進行しているから、それが実現する。

ノンフィクションも同じなのだ。書き手はどれだけ知識を持っていても、先行して結論を述べたり、解説したりするのではなく、**ストーリーが展開する流れの中で、登場人物の視点で喜怒哀楽を描写する**べきだ。すると、読者はリアルタイムでストーリーに没入できるので感情を大きく揺さぶられる。これがリアルタイム・ドキュメントの効果だ。

優れた書き手は、どれだけ豊かな知識を持っている人であっても、リアルタイム・ドキュメントの手法で作品を作る。

『しんがり』（清武英利）という企業ノンフィクションがある。1990年のバブル崩壊をきっかけにはじまった不景気。その時代を象徴するのが、97年の山一證券の破綻だ。

山一證券の自主廃業が決まった直後、エリート社員たちは泥舟から逃げるように去り、別の企業へと移っていった。だが、窓際の部署にいた12人の社員たちは最後まで会社に残り、必死になって破綻の原因を究明したり、清算業務をつづけたりする。これはその奮闘のドラマを描いた作品だ。

著者の清武さんは読売新聞の社会部のエース記者として金融関係の数々のスクープを放ち、最後は読売ジャイアンツの球団代表まで務めた人物だ。バブル崩壊後の時代背景はもちろんのこと、山一證券という企業の文化、内情、そして会社員の行動原理について熟知していたはずだ。

だが、この本を書くに当たって、清武さんはそれらの専門的知識を鼻高々になって披露することなく、徹底して登場人物の視点に立ってストーリーを進めていく。著者はすべて知っていることなのに、登場人物たちの決断や意見に一喜一憂し、その都度新しい発見をして、それをそのまま読者に投げかけるのである。

もし清武さんが未熟な書き手だったら、いきなり山一證券の破綻と、後処理を請け負った社員がいることを述べた後、企業の問題がどこにあったのか、社員たちの功績がどこにあるのかを検証するような書き方をしてしまうだろう。そうなれば、ドラマに没入するような感覚は大きく失われる。

執筆では、リアルタイム・ドキュメントから生まれる「読む喜び」を極力を損なわないように注意を払いながら、慎重に歴史の縦糸、社会の横糸を示してテーマの位置づけを明確にする必要があるのだ。

これは、専門知識や解説を盛り込まなければならない科学や歴史を扱ったノンフィクションでも同じである。サイエンスノンフィクションの分野で、こうしたことが抜群にうまいのが立花隆さんや最相葉月さんだ。前者なら『宇宙からの帰還』『サル学の現在』『臨死体験』、後者なら『絶対音感』などだ。

彼らは専門家顔負けの知識を持っていながら、自分たちはあくまで素人だという姿勢を崩さず、冒険者のように喜怒哀楽を示しながら新しい事実を掘り下げ、科学の謎を一つずつ紐解いていく。

『臨死体験』であれば、著者の立花さんが臨死体験の経験者や研究者にインタビューをしながら、新たな発見に驚いたり、悩んだり、考えを改めたりする。これによって、読者は著者と一緒になって、知的冒険を楽しみながら探究を深めることができるのである。この没入感こそが、ノンフィクションの醍醐味なのである。

ちなみに、本を書く際に、文章が説明的にならないようにするにはどうすればいいか知っているだろうか。**著者が意見や解説を述べるのではなく、登場人物にそれを語らせるテクニック**を用いるのだ。

たとえば、山一證券が破綻する姿が叙情的に描かれるシーンがあったとしよう。ストーリーの中に、いきなり著者自らが「バブルは〜という時代だった」と解説するのではなく、登場人物に「バブルって〜という時代だったよな」と言わせるということだ。これが著者の意見や解説を、登場人物にさせるというテクニックである。

テレビドラマを見ている人だって、ストーリーが進行している中で、いきなりナレーションでくどくどと解説されたら、しらけてしまうだろう。だが、登場人物がセリフでそれとなく語る分には、ストーリーへの没入感は失われない。ノンフィクションも同じだ。

このテクニックを用いるだけで、リーダビリティが高まることを覚えておいてほしい。

著者は腹を切れ

文章を書く際に何に注意すれば、書き手の視点を下げられるかということについて述べてきた。ここからは角度を変えて、一人称のノンフィクションを書く時に、効果的なテクニックを伝えたい。

一流の書き手の多くが使っているが、一般的な文章作法ではあまり指摘されてこなかったこと。それは、**著者が他人のことを書くだけでなく、自分の腹を切るように、自身のもっとも弱い部分を作中でさらけだす**ことである。

前にインタビューの中で相手の本音を聞き出そうとするなら、自分の話をすることが有効だと述べたが、作中においてもそれを実践するということだ。

なぜそうする必要があるのか。

ノンフィクションを書く作業には、社会的意義や公益性の高いものであっても、他人を斬る、あるいは他人のプライバシーを暴くという攻撃的な一面があり、これはノンフィクションの背負う業のようなものだ。

こうした構造的要因によって、読者は書き手に高圧的な印象を抱きやすい。なぜ著者は自分を棚に上げて、相手のことを暴露するのだろう、と。ノンフィクションを執筆する際、書き手が腹を切るように自分の弱みをさらした方がいいというのは、それに対するカウンター・バランスになるからだ。

『犠牲《サクリファイス》』（柳田邦男）という作品がある。柳田さんの次男・洋二郎さん（当時25歳）が首つり自殺を図り、11日間にわたって脳死の状態がつづいた末に亡くなったことをテーマにした本だ。

洋二郎さんは学生時代の不慮の事故がきっかけで心を病み、長らくひきこもりのような状態にあり、それが自殺の遠因になっていた。柳田さんは洋二郎さんがどのように苦しんできたのか、何を考えていたのか、自分は何ができたのかということを悩み、苦しみ、活字にしていく。

柳田さんが父親という立場で次男の死について書くことは、必ずしも倫理から外れる行為ではない。だが、洋二郎さんの自殺の経緯を書くのは、死んだ息子のプライバシーを掘り起こして暴く行為に他ならない。読者の中には、それを快く思わない人もいるだろう。

そこで柳田さんは洋二郎さんの苦悩を記すだけでなく、本当は隠したい自らの失態や家庭の事情も赤裸々に明かしていく。妻が心を病んで寝たきりになっていたこと、それゆえ家庭が機能不全に近い状態になっていたこと、さらには自分が洋二郎さんの気持ちを理解できておらず、時には横暴な言葉を吐き捨ててしまったことなどを書き綴っていく。

たとえば次のような文章がそれだ。

　七月の下旬だったか、深夜、洋二郎が一階居間の食卓で資料の整理をしていた私のところへ来るなり、思いつめた目つきで、「もう駄目だ、死にたい」といって、ソファーにどんと体を投げ出した。妻もまた、ずっと前から心を病んでいたので、二階の寝室で強い睡眠薬の助けを借りて眠っていた。一瞬《対決だ。ものわかりのいい父親なんてやめた》という思いが私の全身を突き抜けた。私の責任編集で文藝春秋から刊行中だった『同時代ノンフィクション選集』最終巻の巻頭解説の原稿締め切りがぎりぎりの日程になっていたが、それどころではないと思った。私はすぐに立ち上がって、彼の真前のソファーに座るや、彼の眼を正視して、「どうしても駄目か」といった。彼は「もういい、死に方を教えてくれ。死にそこねて苦しむのはいやだ、確実に死ぬ方法を知ってるだろう」と叫ぶようにいった。「わかった。親父として息子を殺すことはできない、自分の手ではな。だけど、そんなに死にたいなら、死に方ぐらい教えてやる。ダテや酔狂で五十何年も生きてきたんじゃねえからな。ロープでもコードでも持ってきて、表に出ろ。連れてってやるから」私はもう本気でいっていた。多摩丘陵の住宅地なので、近くの森林に行けば、手ごろな木はいくらでもあった。私は地獄に突き落とされてもかまわないと思った。彼は「用意してくる」といって、二階の自分の部屋に上がって行った。

この作品を書いた時点で、柳田さんはすでにノンフィクションの第一人者としての地位を確立していた。こうしたことを包み隠さず書けば、今なら「炎上」と呼ばれる事態になって集中砲火を浴びていたかもしれない。それでもあえて身を切ったのは、自分を棚に上げて、息子の弱さだけを描くことを避けるためではなかったか。

書き手がここまで自分をさらけ出した上で洋二郎さんの死について書けば、読者はすべてをなげうって息子の心に寄り添おうとする父親に共感することはあっても、批判する理由は何一つない。作品に没入し、大きく心を揺り動かされるだろう。

このように、作品の中で書き手が自ら腹をかっさばくことによって、目線を下げている作品は少なくない。書き手の中には、犯罪者について書く場合にも、あえてそれを断行する人もいる。

溝口敦さんは、指定暴力団・山口組を長年取材し、数々の名作を書いてきた人だ。暴力団と懇ろの実話誌系のライターとは一線を画し、忖度のない筆致によって暴力団の反社会性や権力闘争に斬り込み、活字にしてきた。堂々と山口組の組長や幹部の実名を出して批判したせいだったのだろう、山口組から恨みを買って、組員らしき男に襲われて刃物で刺されたこともあったほどだ。

『喰うか喰われるか 私の山口組体験』は、その溝口さんがこれまでの山口組取材を総括した作品である。おそらく溝口さんが本の中で山口組の組長をはじめ、大幹部や組織をこき下ろしたところで誰も非難はしないだろう。

ところが、溝口さんは山口組の内情を描くだけでなく、取材中に自らの不倫によって家庭が崩壊していたことなどにまで言及する。これによって高みから一方的に山口組を斬っているという関係性を壊しただけでなく、「暴力」というものを自分を含めた人間の業として描いているのである。これによって読者は単に山口組の内情を知るだけでなく、「暴力とは何か」「人間とは何か」という根源的な問いに思考を巡らすようになる。

虐げられている人ほど見上げる

ノンフィクションの重要な役割の一つに、社会的なマイノリティーに光を当て、社会の歪みを浮き彫りにするということがある。外国人出稼ぎ労働者、難病の患者、生活困窮者、性的マイノリティー、被虐待の子どもなどだ。

だが、マイノリティーを題材にする際には、テーマ設定や、目線の置き方に十分な配慮が必要だ。一つ間違えれば、読者に嫌悪感を与えたり、世間からバッシングを受けたりすることになる。

差別用語の使用を避けるなど基本的なことはもちろん、世間のマイクロアグレッション（無意識の偏見や差別）に加担していないか、個別の一事例を過度に一般化していないかなど配慮すべき点は多い。

私もマイノリティーを題材にしてたくさんの本を書いているため、こうしたことには細心の注意を払っている。マイノリティーを扱うノンフィクションを書くという点で大切にしたいのが目線の位置だ。私は**相手の社会的な立場が弱ければ弱いほど、見上げるような目線で話を聞き、受け取り、表現しなければならない**と考えている。

実際に、優秀な書き手は、相手を見上げるような目線を持っている。一つ例を出そう。

前出の『AV女優』には、片桐かほるさんという女性が登場する。彼女は恵まれた家庭で育ち、大学附属の私立中学に入学し、一時期は会社員として働いていたこともあった。だが、やがて会社のために働くのが嫌になり辞職、その後スカウトに声をかけられてアダルトビデオの世界に飛び込んだという。

インタビュー中の片桐かほるさんの受け答えは、能天気に感じるほど軽い。この本に登場する女性の多くが虐待など壮絶な過去を背負って、這うようにしてAV業界に漂着しているため、彼女だけが浮ついているように感じてしまう。

しかし、著者の永沢光雄さんは、決してそうした目で見ないし、そうした書き方もしない。次はインタビューが終わった後、彼女とくり広げた雑談でのやり取りだ。

――どんな本を読むの？

「なんでも読むけど、今まで一番感動したのは、講談社文庫の山岡荘八の『徳川家康』」

――エーッ、あれって三十巻近い小説でしょ？　よく読んだねえ。

「あれは読んだほうがいいですよォ。あれは新聞連載小説だから、常に盛り上がらせてくれるんです。もう、感動のしっぱなし。二十巻目を越えると、もうあとわずかだと思って悲しくなりました。だから、今も本を買う時は厚さがめやすなんです」

いい本の読み方をしているなあ、と私はうらやましくなった。私も十代の頃はそんな風に、ページが残り少なくなるのを気にかけながら小説を読んだ覚えがある。今は、もうそんなことはない。なぜだろう。多分、あらゆるものに対する純粋な気持ちがいつのまにか無くなってしまったのだろう。（傍点石井）

注意して傍点のところを読んでほしい。永沢さんの目線が、片桐かほるさんを見上げているのがわかるだろう。

このインタビューはポルノ雑誌に連載されていたものであり、性的なこととは無関係な話を必ずしもテキストにする必要はない。にもかかわらず、永沢さんはこうしたやり取りをしっかりと活字にした上で、彼女に対して「うらやましい」と言い、自分よりも「純粋」だと述べる。日頃から誰に対しても敬意を払って向き合っていなければ、出てこない言葉だ。

同じ本には、中井淳子さんという別のＡＶ女優も登場する。彼女は小学二年生の時に事故で両親を失い、その後各地の施設を転々とするものの、その頃壮絶ないじめを受け、中学時代から水商売をして生き抜いてきたという。

永沢さんはそんな彼女に対して安っぽい同情はしない。同情は、上の立場の人が下の立場の人にすることだ。それより、彼女の強さを、言葉の中から見つけ出し、次のような表現をする。

いろんな人に、よくグレなかったねって言われるんです。けど、グレたからって両親が帰ってくるわけじゃないしねえ……。（中略）わたしがグレたら親に申し訳ない。親の倍は生きてやろうかな、なんて考えてるんです、フフッ。（中略）

……決してグレようなんて思いませんでしたね。グレてる子を見ると本当に頭にきましたもん。グレてて何が楽しいんだろう、バカみたい。

それにグレたら、養護施設そのものがバカにされるじゃないですか。小学校の頃は親なしっ子って、いじめられました。中学に入ると、『こいつは養護施設に入ってるんだから知恵遅れなんだぜ』ってバカにされた。子供がそんなことを言うってことは、その親もわたしたちのことをそう見てるってことですよね。

だからそういう人の言葉や視線には、絶対に負けちゃいけないと思って生きてきました。

最近、そういうイジメとかで自殺する中学生が増えているけど、弱い人間ですよ、死ぬなんて。

……わたしだって学校に行きたくないってダダをこねたことは何度もあったけど、施設の養母さんや先生方が厳しくて、学校には引きずってでも行かされてましたから……耐えるしかないんですよね。

たとえ友達が一人もいなくても、耐えるしかないんですよね。親だって好きこのんで死んでいったわけじゃないし。だからグレようとは思わなかった。

永沢さんが上から目線でインタビューをしていたら、彼女のか弱さに目を留めて、気の毒がるか、薄っぺらい共感を示すかしていただろう。だが、永沢さんは相手の言葉の中に弱さではなく、強さを見いだし、そこの部分を描くのである。そうでなければ、こうした言葉を活字にしようとは思わない。

永沢さんのこういう眼差しはどこからきているのだろう。

おそらく、永沢さんは自分の弱さととことん向かい合ってきた人なんだと思う。自分の狡《ずる》さ、愚かさ、卑俗さを嫌というほどわかっている。だからこそ、すべての人に対して仰ぎ見るような感覚で接することができるのではないだろうか。

ノンフィクションを書くということは、書き手が自分自身を問われることでもあるのだ。

第７章

五感描写、キャラクター造形法

作品に命を吹き込む文章表現

質の高い文章表現とは何か

原稿執筆を生業としたい人にとって、「どうすれば上手な文章を書けるか」というのは永遠の課題だ。

スポーツの世界でもそうだが、活字の世界でプロとして食べていきたければ、それなりの勉強と訓練が必要となる。私は学生時代から今に至るまで、本を月に最低30冊は読んでいるし、毎日数千字の文章を書いてきたが、プロならごく当たり前のことだ。

文章の熟練度は、読書量、執筆量に比例する。私自身を振り返っても、デビューしたばかりの頃は、敬愛する作家の影響を受けて修辞技法にこだわって、描写が過剰になりがちだった。ただ、5年目くらいにはそれが薄まり、10年目くらいには新たな文体が生まれた。15年目くらいにには、テーマによって複数の文体を書き分けられるようになった。

文章スキルを磨くのに遅いということはない。成長するには、「真剣に本を読んで書く」ということを日々淡々とやりつづけていくだけだ。

これを踏まえた上で、本章ではノンフィクションにおいてプロとして優れた文章表現とは何かについて考えたい。要素を三つ挙げれば、次のようになる。

図12　質の高い文章の三要素

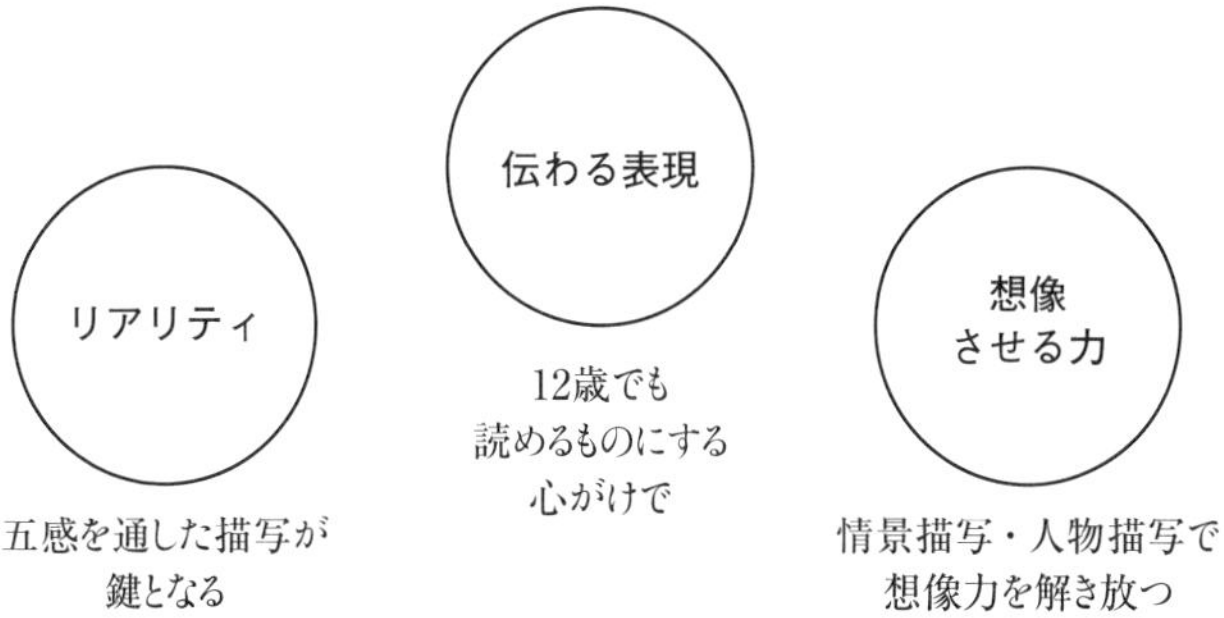

1　万人に伝わる表現であること。
2　文章にリアリティがあること。
3　テキスト以上の世界を読者に想像させること。

最初の「万人に伝わる表現」というのは、プロとしては当然のことだ。ＷＥＢ記事にせよ、雑誌にせよ、本にせよ、それらはあらゆる人が読むメディアであり、専門知識を持っている人だけが読めるとか、特定のファンだけが満足するといったものであってはならない。

だが、ノンフィクションは科学や経済といった複雑な問題を題材にしたり、歴史や海外の出来事を扱ったりするため、書き手がついそこで使用されている言語を多用しがちだ。こうした作品は、幅広い読者を獲得することができない。

ノンフィクションの中でも売れている作家は、どんなにニッチなテーマを取り上げていても、万人に開かれた表現で本を書いている。本書でこれまでに挙げた作品の多くは小中高の教科書や入試問題に用いられているし、漢字にふりがなをつけただけで児童書として再刊行されているものもある。

私が出した大人向けの著書もいくつか児童を対象としたシリーズになっているが、それは本を書く時に「12歳の子どもが読める文章」を目指しているからだろう。**少なくとも表現に関しては12歳の子が最後まで読めて、理解できて、心を揺さぶられる体験ができるものにするように意識しているのだ。**

これを言うと、「え？　そんなレベルまで落とすんですか？」と驚かれることがあるが、考えてもみてほしい。

小説の好きな子なら、12歳だって村上春樹さん、宮部みゆきさん、三浦しをんさん、辻村深月さんらの作品を難なく読んでいる。文体も内容も大人向けなのに、普通に読める。元来はノンフィクションも同じはずなのである。純粋に人間ドラマ、社会ドラマとして描けば、小中学生だって読めるものになる。

たとえば『聖の青春』は、内容はそのままで、ふりがなとイラストをつけただけで、小中学生を対象にした「角川つばさ文庫」のシリーズとして刊行されている。著者の大崎善生さんは将棋の戦術や、将棋界の背景の説明を極力減らし、平易な言葉で青春ストーリーを書くことに徹している。だから、ふりがなさえつければ、小学校高学年から読めて、感動できる作品になっているのだ。

実は、**本の対象年齢を下げるのは、読者層を広げるだけでなく、物語をシャープにすることにも役立つ。**

前章でジャンルの型を借りるというところでも話したが、書き手はできるだけストーリーから余分な〝贅肉〟を削ぎ落とし、鋭いものにしなければならない。本の対象年齢を下げれば、書き手は否応なく専門的な用語や小難しい解説を排除しなければならなくなる。これによってストーリーがより磨き上げられるのだ。

万人が読める作品にするというのは、文章のレベルを幼稚なものにするということではなく、作品を極限まで磨き上げ、読者の心にストレートに届くようにするということなのである。

優れた文章は五感に訴える

では、具体的に万人に届く文章をいかに書くのか。

この問いに、修辞技法を答える人も多いだろう。文章表現の勉強の一環で、比喩法、倒置法、反復法、擬人法、省略法といったレトリックの使い方を学んだ人もいるかもしれない。

前に引用した『羊と鋼の森』の冒頭はそのお手本のようなものだ。

ただ、何度も言うように、ノンフィクションで求められている文体は昔の文豪や稀代の名文家のような時代がかったものではない。そうした文体で評伝や企業ルポが書かれれば、読者は逆に嘘っぽく感じるだろう。

現実を描くノンフィクションで大切なのは、読者に文章を通じてリアリティを感じてもらうことだ。この時に鍵となるのが、〝**人間の五感を言葉にして表現する描写**〟なのである。描写というと視覚的なものに頼りがちだが、「嗅覚」「味覚」「触覚」「聴覚」「視覚」にまで拡張するのである。むせ返るような臭い、舌に残る濃厚な味わい、ヒリヒリとした手触り、鼓膜をつんざく音量、顕微鏡でしか見えない細かな視界……。**描写の中に五感を表現する言葉を組み込むと、一気にリアリティが高まる**。

具体的にそれがどのようなものか見ていきたい。

まず、『もの食う人びと』を例に、味覚がどのように描かれているかを紹介しよう。次のシーンは、著者の辺見庸さんがバングラデシュの首都ダッカの駅周辺を彷徨い、粗末な屋台で提供される食事を口にする描写である。

テント横の空き地を起点に、海草のようなものが、線路沿いに蜿蜒《えんえん》とへばりついている。小枝の柱にボロをかけただけの、スラムの小屋の群れだ。カレーの香りはそこから漂っていた。(中略)

遠吠えで私も空腹を感じた。駅前広場の屋台に入る。直径七十センチほどのブリキの大皿に山盛りになったビラニ（焼き飯）とバット（白いご飯）に食欲をそそられた。いずれの大皿にも骨つきの鶏肉、マトンがたくさん載っている。（中略）

ここでの習慣に従い、右手の指だけ使って食べてみよう。慣れると、舌だけでなく指もまた味を感じるというではないか。

そうなりたいものだと、小皿のご飯におずおずと指を当てると、おや、ひんやりと冷たい。

安いのだから文句は言えない。親指、人さし指、中指、それに薬指まで動員しても、下手なものだからボロボロとみっともなくご飯粒をこぼしてしまう。

それでもなんとかご飯をほおばった。希少動物の食事でも観察するように、店の娘と野次馬が私の指と口の動きに目を凝らしている。

インディカ米にしては腰がない。チリリと舌先が酸っぱい。水っぽい。それでも噛むほどに甘くなってきた。

お米文化はやっぱりいい、とうなずきつつ、二口、三口。次に骨つき肉を口に運ぼうとした。すると突然「ストップ！」という叫び。

「それは、食べ残し、残飯なんだよ」

いかがだろう。辺見さんの味覚を中心にした描写によって、読者の口にはダッカのスラムで食される残飯の味が濃厚に広がるのではないだろうか。

腐敗しかけた残飯の酸味、水っぽさ、糖質のほのかな甘さ……。文章を通して舌先にこれらを感じるからこそ、読者は訪れたことがなくても、喧騒のダッカの屋台に座り、残飯を手づかみで食べているような身体感覚になるのだ。

次に、嗅覚を巧みに使った情景描写の例を示したい。『全東洋街道』（藤原新也）の冒頭だ。藤原さんは、東洋と西洋の境であるトルコのイスタンブールにあるボスポラス海峡に立った時の様子を次の様に描写する。


私はイスタンブールの岸壁に立っていた。

海が匂う。

暗い海の方から吹いてくる冬の風が岸壁の路面を這いまわって脚をとらえ、つむじを巻くようにしてゆっくりと体を吹き上げてくる。

風には夜の街の匂いがあった。

潮の香の中にときおり鼻を突く腐臭がある。

ものの腐っていく匂いは、

……なぜか愛しい。

ボスポラス海峡をいくら丁寧に描写したところで、そこが西洋と東洋の境であることは伝わらないだろう。だからこそ、藤原さんは海水の色や波の大きさなど、海峡についての視覚的な情景描写をほとんどしない。

その代わり、町と海から感じられる「嗅覚」に着目し、それを核に描写を行う。イスタンブールの夜の匂いの中に、腐臭を伴う潮風が吹き込んでいると書くことで、美しい西洋と、混沌の東洋の境に立っていることを暗示させるのである。

この一文を見ると、一般的な情景描写より身体感覚を通した描写の方がずっと現場の空気感を伝えられることがわかるだろう。「描写＝形あるものを書く」という概念は取っ払うべきなのだ。

ここまで味覚や嗅覚の描写について考えてきた。次は、五感の中でも王道と見られる視覚について考えてみたい。

大方の人は、情景描写と聞けば、目に映る世界を写し取るように書くというイメージを持っているかもしれない。美術でいうなら、「写生」みたいなものだ。では、一般的な情景描写と、視覚に訴える描写とはどう違うのか。

端的にいうなら、一般的な情景描写は、誰もが共通して肉眼でとらえられる風景を描くことだ。それに対して後者は、肉眼ではほとんど目に見えないようなものまで想像力を駆使して細かく描写することによって、肉眼で見えるもの以上のインパクトを読者に与えることである。

次は柳田邦男さんの『空白の天気図』の書き出しだ。「昭和の三大台風」と呼ばれる枕崎台風が日本列島に襲いかかる場面の描写である。


海は哮《たけ》り狂っていた。

攻め寄せて来る波浪は、猛然と岸壁に襲いかかり、砕け散った波しぶきが退却する間もなく、もう次の怒濤が急迫していた。波頭は、岸壁に激突しないうちに烈風によってちぎられ、ちぎれた波は白い泡沫となって飛び散り、暗澹たる世界の中に辛うじて光る斑点を作っていた。

風は唸りをあげ、雨は横に飛んでいた。

風は刻一刻と強まって行った。風向きが東南東からわずかに南東寄りに変化したとき、波浪の中に混乱が起こった。波と波がぶつかり始めたのだ。巨大なエネルギーを持った大波と大波が合体すると、それは全く姿を変え、不気味な三角波となった。烈風がさらにその三角波を研ぎ澄ます作用をしていた。

三角波は、海岸に到達すると恐るべき威力を発揮した。波は岸壁を破壊し、港の中に繋留された漁船を次々に呑みこんだ。

台風が至近距離を通過しつつあることは確実だった。

　昭和二十年九月十七日、月曜日、午後二時を回ろうとしていた。


描写の舞台は、薩摩半島の枕崎市の海岸である。

　元も子もない言い方をすれば、枕崎台風が発生した時、著者の柳田さんは栃木県の実家に暮らす9歳の子どもだったはずだ。この描写にある鹿児島に台風が襲来した様子を実際に目にしてはいないだろう。

　仮にその場にいたとしても、ここまで細かな情景を見ることは不可能だ。たとえば、大波がエネルギーを持って合体して生まれた三角波が風によって研ぎ澄まされるといった様子を肉眼でとらえられるわけがない。

　でもこれは、柳田さんが「嘘」を書いているのではない。ここで行われているのは、先に述べた視覚に訴える描写なのだ。

　私はこれを〝**ミクロの視点の描写**〟と呼んでいる。本来は肉眼では見えないが、きっとあったはずだと推測できる情景を、人間が肉眼で見える以上に細かくクローズアップした視点で描写するのである。

　読者は解像度の高い克明な記述を読むと、実際にその場にいるようなリアリティを感じるものだ。柳田さんはそれを活かして、事実に「想像」を加えて情景を立ち上げているのである。これが、五感の中の視覚を最大限に活かした描写だ。

ここまで、味覚、嗅覚、視覚を例に、五感を言語化する表現法について述べてきたが、触覚や聴覚も同じで、五感に訴えた方がリアリティを出しやすい。

複数の感覚を使い分ける技術

文章を書き慣れていない人は、一つのシーンにつき、なるべく一つの感覚で描写をするように心掛けるとよい訓練になる。食卓の光景を描く際は嗅覚のみの描写、ピクニックの光景を描く際は視覚のみの描写というようにだ。なぜならば、ワンシーンに多様な感覚が入り混じると、読者を混乱させかねないからだ。

また、書き手によって、五つの感覚描写のどれが得意かは異なることも覚えておこう。私でいえば、昔から嗅覚を軸にした描写はお手の物だが、なぜか聴覚の描写は不得意だ。頭で理屈はわかっているのだが、実際にやるとしっくりこないのだ。

思うに、五感の何が鋭いかは、書き手によってかなり異なるのではないか。また、物語の場面によって、どの感覚で描写するのが最適かも異なる。総じて、**書き手は自分が何の感覚が秀でているのかを自覚して、各シーンによってどの感覚で描写すべきかを考えることが大切**なのだ。

熟練の書き手ともなると、ワンシーンの中に複数の感覚を入れる高度なテクニックを駆使する。

開高健さんは小説家でありながら、『オーパ！』『ずばり東京』といったノンフィクションの名作を残しており、その代表作の一つに、ベトナム戦争のルポ『ベトナム戦記』がある。

この中に、彼が得意とする聴覚描写に加えて視覚描写を巧みに織り込んだワンシーンがある。

次は、米軍に従軍してジャングルを歩いていたところ、北ベトナム軍から奇襲を受ける場面だ。

とつぜん木洩れ陽の斑点と午後の白熱と汗の匂いにみちた森のなかで銃声がひびいた。マシン・ガンと、ライフル銃と、カービン銃である。正面と右から浴びせてきたのだ。ドドドドドッというすさまじい連発音にまじって、ピシッ、パチッ、チュンッ！……という単発音がひびいた。ラス（※米軍兵）がパッとしゃがんだ。そのお尻のかげに私はとびこんだ。それから肘で這って倒木のかげへころがりこんだ。鉄兜をおさえ、右に左に枯葉の上をころげまわった。短い、乾いた無数の弾音が肉薄してきた。頭上数センチをかすめられる瞬間があった。秋元キャパ（※カメラマン）はカメラのバグをひきずって一メートルほどの高さのアリ塚のかげにとびこんだ。枝がとび、葉が散り、銃音の叫び、トゥ中佐の号令、砲兵隊士官が後方の砲兵隊に連絡する叫びなどのほかは何も聞えなかった。私は倒木のかげに頭をつっこみ、顔で土を掘った。

そんな瞬間でも眼はふと枯葉のなかをうごくアリの群れを見た。（中略）ピシッ、パチッ、チュンッのなかでふるえながら眼はアリの群れを眺めた。賢いアリたちが長くて、勤勉で、平穏な列をつくってせっせと巣に餌をはこんでいるのを眼は見た。彼らはせっせといったりきたりしていた。私のまつ毛のさきのようなところで、一匹のアリは体の二倍ほどもある枯葉のかけらをくわえて右にふったり、左にふったり、たのしげに大汗かいていた。ライフル銃弾が頭上をかすめ、一瞬後に私は眼をとじた。その後ふたたびアリの群れは見なかった。あとで木のかげによこたわって何時間もじっと救援や黄昏を待ったが眼はふたたびアリを見ることはなかった。

文章の前半が、聴覚を軸にした描写になっていることはわかるだろう。北ベトナム軍の襲撃場面を、相手の銃声の音、米軍兵がしゃがむ音、命令をする声、叫び声といった聴覚で文章を組み立てているのだ。

後半はこれがガラリと変わる。聴覚の描写が鳴りを潜め、視覚によるミクロの描写がはじまる。それが地を這うアリの描写である。

おそらく生きるか死ぬかの戦場で、ここまで細かくアリの行動を観察している余裕はなかったはずだ。だが、彼は聴覚描写の後に、想像力と推測を駆使したミクロの視点の描写を加えることによって、人間の愚かな殺し合いと、大自然の悠然とした営みを対比させ、戦争のリアリティを生々しく伝えるのである。

かなり高度なテクニックではあるが、ノンフィクションとしての文章表現の一つの到達点であることにはちがいない。

人物の中に相反する要素を見つける

情景描写と同時に重要なのが、人物描写である。

作品において、登場人物のキャラクターは生命線の一つだ。キャラクターとは、その人の性格や性質のことである。

ストーリーにどれだけ躍動感があっても、登場人物のキャラクター像が鮮明になっていなければ、読者は感情移入して読み進めることができない。『ドラえもん』でも、のび太やジャイアンなど確固としたキャラクター性があるからこそ、物語における人物相関図がはっきりするし、感情移入も簡単になる。

ノンフィクションでは、すでに存在する人物の中から物語の登場人物の選定を行う。企業ルポにせよ、事件ルポにせよ、本来そこには大勢の人たちがかかわっているが、全員を登場させることはできないので、**ストーリーに必要な人だけを選ぶ**のだ。

書き手は、取材で本人に会って信頼関係を築いている分、どうしても全員を登場させたがるが、伝わりやすい作品を書く上で、その配慮はウイークポイントとなる。作品のクオリティを優先するには、そうした気持ちを排除するのもまたテクニックの一つだ。
登場人物を選定すれば、次にそれらの人物の個性を見極めていかなければならない。ここで役立つのは、取材の時にメモした特徴だ。たとえば次のようなものである。

○外見的な特徴

顔立ち、体格、ファッション、年齢、年収、社会的地位、家族構成、話し方、癖、好物、趣味、障害、ニックネーム……。

○内面的な特徴

生い立ち、性格、病気、トラウマ、意志、思想、主義、挫折体験、目標、劣等感、優越感、性的指向……。

○関係性

加害者、被害者、支援者、管理者、恩師、里親、隣人、部下、同僚、恋人、患者、メル友、不倫相手、先輩後輩……。

特徴の中には、ストーリーと関係のあるものとないものとがある。書き手は、全体の流れの中で、何を伝えたいかを固め、そのためにフォーカスすべき特徴を選んでいくことになる。

拙著『43回の殺意』の加害者であれば次のような形だ。

・少年A　18歳。三人きょうだいの末っ子。グループのボス的存在。フィリピン人と日本人のハーフ。いじめられていた元不登校児。中学卒業後から金髪にして不良ぶる。酒を飲むと暴力的になる。ゲーマー。保護観察中で自主退学寸前だった。

・少年B　17歳で、少年A、Cより下の立場。母親はフィリピン人。日本人の実父とは離別。貧しい母子家庭。家庭でのネグレクトや学校でのいじめによって不登校児になっていた。被害者とは友達だった。肉体労働に従事。

・少年C　少年Aの同級生。趣味のゲームでAとつながっている。裁判では発達障害の疑いが示され、無感情な言動が目立ち、暴力性も高い。加害者の中で一人、最後まで平然と「無罪」を主張。凶器をAに渡した人物。肉体労働に従事。

実際の少年たちは、特定のスポーツが好きだったり、ファッションのこだわりがあったりする。だが、事件ルポに必要なのは、彼らの趣味や嗜好性の情報ではなく、犯罪に駆り立てた家庭環境や性格である。ならば、それに関連する特徴を軸に人物像を構築していかなければならない。

ただし、ノンフィクションでは人物像を単純化しすぎるのも大きなマイナス要素だ。事件の加害者だからといって、ステレオタイプに粗暴な面ばかり取り上げれば、逆に軽薄な印象を与えてしまう。

なぜなら、現実世界では、単純で一面的な人間など存在しないからである。

スポーツの試合中だったら、大谷翔平選手でも、羽生結弦選手でも、100％のスポーツマンを演じるかもしれないが、実際の彼らにはプレー中とは異なる人間的側面がいくらでもあるだろう。

新聞のスポーツ欄なら必ずしもその部分を描く必要はない。しかし、ノンフィクションで「人間・大谷選手」「人間・羽生選手」を示そうとすれば、あえて世の中のイメージとは矛盾する要素にも注目しなければならない。そうでなければ、キャラクターが薄っぺらくなりすぎて、作者の観察眼が疑われる。

こういう意味において、書き手は**登場人物の多面性を描くことに意識的になる**べきだ。

先の『43回の殺意』の少年Aのキャラクターでいえば、彼が右記のような暴力的な顔を持っている一方で、家庭では体の弱い祖父の介護を進んでする家族思いの一面があったことを描いた。これによって、少年Aを単なる犯罪者ではなく、世間一般のイメージではとらえきれない複雑な人間性を示した。こうしたちょっとしたイメージと相反する要素を入れ込むことによって、登場人物のリアリティは飛躍的に高まる。

ノンフィクションでは、ヒーローをただのヒーローとして書いてはならないし、悪人をただの悪人として書いてはならない。一点でいいから異なる特徴を書くだけで、人物像は途端に活き活きとする。

キャラクター造形はデフォルメより抑制

作品の中で描かれる人物像は、しばしばキャラクター性という言葉で示される。

漫画やゲーム制作では、「キャラクター造形」「キャラクターデザイン」「キャラクター設定」と呼ばれ、「デフォルメ」というテクニックによってそれが行われている。本来、人が持っている何かしらの特徴を、実際以上に誇張して強調することによって、人物像のキャラクターを鮮明にさせる手法だ。

ノンフィクションは事実を扱うものなので、極端なデフォルメはルール違反だ。デフォルメとまではいかなくても、登場人物の強い特徴だけを前面に出して成功しているノンフィクションに、私はあまりお目にかかったことがない。ノンフィクションでは、表層的な特徴を強調しすぎると、どうしても嘘っぽい印象が出てきてしまう。

そのため、登場人物の表層的な特徴を書く際は、やりすぎないように、さりげなく書く方が無難だ。特に外見的な特徴については、節度のある描写に留め、なるべく特別な意味を持たせない方がいい。方言は語尾をちょっと変える程度にするとか、身体的特徴は一カ所のみにするといったことだ。

では、登場人物のキャラクター性は何によって構築すればいいのだろう。ここで挙げたいのが、**セリフ、行動、感情などを駆使して内面を浮き上がらせるテクニック**だ。

『こんな夜更けにバナナかよ』を例に考えてみよう。

先にも少し触れたが、この作品の主人公は、筋ジストロフィーを抱えた鹿野靖明さんという人物だ。彼は物事を非常にはっきりと言う個性的な人物である。彼の周りには、若いボランティアが集まり、24時間365日態勢で生活支援を行っていく中で、支援や生きることの意味について考えていく。

主人公の鹿野さんの病気は全身の筋力が弱まって、自ら呼吸することもできなくなり、死に至るというものだ。自分では排泄の処理もできない。外見的なインパクトはかなりあるが、著者の渡辺一史さんはそのような描写を過度にすることなく、鹿野さんの会話、行動、心理からその内面を読者に伝え、特異なキャラクターを確立していく。

たとえば、恋愛体質でボランティアの女性に振られたものの、翌日にはケロッとしてその子と普通に話している姿を通して彼の生きることへのたくましさを示したり、気の利かないボランティアを叱責する姿やセリフを活写することによって彼の介護に対する考え方を伝えたりといったことだ。

こうすれば、読者は書き手の意図を変に勘ぐることなく、鹿野さんのキャラクターの本質を受け入れることができる。アニメなどのエンターテイメントはビジュアルを中心に展開される物語だが、ノンフィクションは内面を中心に展開される物語だ。だからこそ、キャラクター作りは、セリフ、行動、感情を丹念に描くことで内面を浮き彫りにすることによって行う方がいい。

とはいえ、実際に取材をしていると、驚くほどインパクトのある個性的な人が現れることもしばしばだ。

以前、私は児童虐待で子どもを殺めた親の実家を取材で訪ねたことがある。生活保護を受けて公営団地に暮らしているはずなのに、出てきたのは関取のように太った容疑者の母親だった。

家に入ったところ、中はゴミ屋敷同然で、飼い犬がそこかしこで糞尿を垂らし、洗面台の水はずっと流れっぱなしだった。むせ返るほどの獣臭と腐臭だ。壁に開いた無数の穴は、若い頃の写真や新興宗教の御札を貼って隠されている。

インタビュー中、この母親は花粉症だと言って高級ティッシュ「鼻セレブ」で洟をかみつづけてティッシュの巨大な山があちらこちらにできていた。ワンピースは染みだらけで所々破れている。しかも、彼氏（娘の恋人を寝取ったらしい）に殴られたり、マンションから落とされたりしたせいで、51歳なのに歯がほとんどなく、入れ歯を外した高齢者のようなしゃべり方で何を話しているのかさっぱり聞き取れない。さらに運の悪いことに、取材中に私は先方の飼い犬に噛まれ、手からダラダラ血を流しながら話を聞かなければならなかった。

これは『「鬼畜」の家』での取材なのだが、私はこの母親にものすごく大きなインパクトを受けたものの、その外見的特徴をストレートに書くことは控えた。書くには書いたが、実際の7、8割を削って、印象を大幅に弱めた。

実際に目にしたことをそのまま書けば、読者の違和感が強くなりすぎて、母親が主人公以上の意味を持ってしまいかねなかったし、読者から私が露悪的に描いているように誤解されるリスクもあったからだ。

このように個性があまりに強すぎる人を描写する時は、逆に読者が受け入れられるレベルまで印象を薄くする必要があるのだ。

キャラクターは過去によって特徴づける

登場人物のキャラクター性を作り上げる際、もう一つ重視しなければならないポイントは、**登場人物のキャラクターをその人の過去から定義する**ことだ。

人は色々なことを考えたり、感じたり、行ったりするが、それは過去の体験がベースになっていることが多い。そうしたことからすれば、作品の中で登場人物の言動を過去と結びつけるのは自然なことだ。

山岳ノンフィクションであれば、登山家がその山に登る理由を過去と紐づける、事件ルポであれば、犯人が事件を起こした動機と手法を過去と紐づけるといったことである。

そんなの当たり前だろうという人もいるだろう。ただ、主人公に対してはきちんとした関連づけができても、意外に脇役の記述では見落とされがちだ。そうなると、作品にはたくさんの人が登場するのに、小ストーリーがどこか薄っぺらになり、全体的な説得力が損なわれてしまう。

もう一度、『こんな夜更けにバナナかよ』で考えてみよう。

先に述べたように、主人公の鹿野さんは言動や思想にインパクトがあり、その人物像は明快になっている。次に行うのは、彼の周りに集うボランティアの人々のキャラクターを描くことだ。

著者の渡辺さんは、ボランティアたちの人となりを各々の経歴から作り上げていく。その人が鹿野さんのもとにやってきたプロセスを示すことによって、キャラクターを立たせるのだ。

たとえば、ボランティアの一人に北海道教育大学の男性がいる。彼はギャンブル好きの父親の下で育ち、その反発心から一浪して大学に合格したものの、入学後は学費を稼ぐためのバイト三昧の日々で何もできない。

ある年、彼は一念発起し休学して海外へ行こうとする。だが、その資金を集めるために愛知県へ行って工場のアルバイトをしているうちに休学の期間が終わってしまった。そんな流れの中で、鹿野さんのところへ行く。

彼はボランティアをはじめたものの、物覚えが悪く、なかなか使い物にならない。鹿野さんはそんな彼の欠点を指摘し厳しく叱責する。普通ならそれで嫌になって止めるが、この時の彼は「やめたら後悔する」という気持ちになって耐えて、ついに一人前のボランティアとして地位を固める。そこから彼はボランティアとは何かについてだんだんと深く考えるようになる。

きっとボランティアの中には、鹿野さん顔負けの奔放な言動をする人もいただろう。だが、そこにはあえて触れず、ここに来た人たちの過去を書くことに注力することによって自然にキャラクターを立ち上げる。それを土台に、各ボランティアが鹿野さんと会って「どんな変化が起きたのか」という複数の小ストーリーを作り上げ、支援とは何か、生きるとは何かという物語全体の大テーマに収斂させていくのだ。

このように主人公と脇役でキャラクター性の描き方を分けることで、お互いの関係性もわかりやすくなる。次に見ていく会話の書き方にも通底するが、登場人物の描き方は、一律に同じ方法を貫くのではなく、着目するポイントをずらすことによって書き分けることが大切だ。

言葉を超えた「言葉」を書く

ここからは作品の中の「会話」の書き方について考えていきたい。

書き手は、人にインタビューをすることによって情報を引き出し、作品の素材を手に入れる。その点において、ノンフィクション執筆とは、会話をテキスト化するということである。

会話をテキストにする方法は大きく三通りある。

- **相手が話したことを鍵カッコに入れてセリフにする。**
- **本文中に「Aは～と思った」など心理描写として表す。**
- **書き手の情景描写や説明文の中に組み込む。**

原則的に、書き手はインタビューで得た情報を、この三つの方法でテキストとして作品に落とし込む。

ノンフィクションでは、インタビューで得た情報を好き勝手に変えることができないため、取材で聞いた発言を大意が変わらない形で使用する。

たとえば、取材した相手がインタビューで「Bが事件の真犯人だとは知りませんでしたが、怪しいとは思っていました」と発言したとしよう。おおよその通りに鍵カッコに入れてセリフとして示すか、地の文にして〈彼は、Bが犯人かもしれないと疑念を抱いていた〉と示すか。あるいは、人物説明に組み込んで〈Bを犯人と疑っていた彼は～した〉と示すかだ。ただし、インタビューで得られる言葉の中には、そのまま書くと本質を伝えられないものも少なくない。本人の真意と、実際に発せられた言葉に溝があるため、かえって読者に勘違いさせてしまうのだ。

そもそも、インタビューをした相手がみな、自分の思いを言語化できるわけではない。内面を表現することが苦手であったり、マイナスの感情や現実に向き合いたくなかったりして、発言が中途半端になることも少なくない。

以前、広島で原爆の被爆者に話を聞いたことがあった。彼は幼い頃に原爆で親やきょうだいを失くし、孤児として親戚の家に預けられていた。彼はその体験を次のような言葉で表現していた。

「あの時代だから、そんなもんじゃゃって思ってた」

原爆投下直後に彼が見た光景、その後の孤児としての人生は決して簡単なものではなかったはずだ。にもかかわらず、このような一言で表したのである。

彼がこうした表現を用いた背景には様々なことがあると推測されるが、この言葉通りテキストにすれば、「そんなに苦労しなかった」という意味に受け取られ、誤解が生じる可能性がある。

そこで書き手は会話をテキストにする際に、工夫を凝らす必要がある。**何ともない言葉や理解の難しい言葉を、何倍も意味のある言葉に転化する作業**だ。その方法としてここでは次の二つを紹介したい。

1　何気ない言葉の裏に著者の思いや体験を重ねる。
2　言葉にならない言葉をあえて強調する。

順番に見ていきたい。

家出少女の「大丈夫」の裏にあるもの

まず、1の「著者の思いを重ねる」だ。このやり方を、家出少女たちの実態をルポした『家のない少女たち』（鈴木大介）を例に考えたい。

この本の第二章には、児童自立支援施設から脱走してきた中学3年生の少女・遥馨《はるか》のエピソードが記されている。遥馨は母子家庭で育ち、物心ついた頃から激しい虐待を受けてきた。殴る蹴るは当たり前で、「お金ないいんだから自殺しろ」と迫られたり、包丁や布切りバサミで度々襲われたりしていた。また、食事もほとんど作ってもらえず、親が寝静まった後に、ごはんとふりかけだけを食べて空腹をしのいだ。そのせいで、身長は１４２センチで成長が止まった。

中学生になった遥馨は家出をし、ネットカフェに入り浸りながら個人売春をして食いつないでいくようになる。しばらくして児童相談所に保護され、児童自立支援施設へ送られたものの、「野菜が食べられない」という理由で逃げ出して再び売春の世界に舞い戻った。白米とふりかけしか食べてこなかった遥馨にとって、施設で野菜を食べさせられるのが拷問に等しかったのだ。

著者の鈴木さんは遥馨を、街頭で風俗やＡＶのスカウトをしている伊藤という男性から紹介され、ファミリーレストランでインタビューを行った。遥馨はまだ施設を脱走中の身であり、売春で生きていくしかない。

次はインタビュー終了後、鈴木さんがスカウトの伊藤と、これから遥馨をどうするかを話すシーンだ。

「鈴木さん、どうします？　遥馨……」

と伊藤君。

「どうするったって、どうすっぺよ……」

「大丈夫だから。大丈夫。捕まったらアウトだけど。でも大丈夫。大丈夫だよ。やってけるって」

ファミレスのシートにヒザを立て、爪をかじりながら自分に言い聞かせるように、ひたすら「大丈夫」とつぶやく遥馨。

本当にその時、僕（※鈴木）はどうすれば良かったんだろう。

会話の中に、ひたすら「ウザい」の言葉を連ねる遥馨を、単に堪《こら》え性のないわがままな性格と思う大人も多いだろう。（中略）

だが彼女を見ていて思う。この子は一般人の一生分にも匹敵するような我慢を、もうすでにしてきてしまったのだ。

僕は我慢というものは、池の水のようなものだと思っている。ゆっくり水が注ぎ込まれる分には、地面に浸透して蒸発し、溢れることはない。大人になれば池そのものが、随分大きくなる。だけど一度いっぱいになってしまった我慢の池は、たとえ一滴の水でも加われば、堪えられずに溢れてしまう。そんなものじゃないか。

物心のついた頃から、一般人では考えられないような苦痛を押しつけられてきた遥馨の我慢の池は、もはや溢れてしまっている。もう、ちょっとの我慢もできない。ウザい、ウザい。もう誰もこれ以上私を否定するな！　残った尊厳のかけらが、明日のこともわからない遥馨の闘争生活を支えていた。

叶うなら、遥馨に生きたいように生きさせてやりたい。一四二センチで成長の止まってしまった小さな身体に、世の矛盾をいっぱいに溜め込んだ少女。誰がこの少女を「売春家出娘」と否定することができるのか。

結局その日、伊藤君と僕は遥馨に何もしてやることができず、そのまま別れた。

家出した遥馨が前途多難であることは明確だ。だが、遥馨は「大丈夫」としか言わない。これをそのまま書けば、彼女は浅はかな人間だと読者に誤解を生じさせるかもしれない。そこで鈴木さんは、言葉の背景にある遥馨の生い立ちや思考回路を細かく分析して書き綴る。どんな背景があって、彼女は「大丈夫」としか答えられなかったのかを述べるのである。ここまでが、著者の思いを重ねるという作業だ。

秀逸なのは、これで終えないところだ。鈴木さんは、自分の思いだけでなく、体験まで重ねる。つまり、「何もしてやることができず、そのまま別れた」とまで書くのだ。

これによって、鈴木さんは自分自身を、これまで彼女を裏切ってきた大人たちと同等のところまで落としている。きっとこの一文を読んだ読者は、自分もまた同じ立場だったらそうしていたに違いないと罪の意識を抱くだろう。そう、鈴木さんは自らの腹を切ることで、読者全員に当事者意識を植えつけているのである。

後者の体験を重ねる方法を使用する時は、相当強い覚悟を持つべきだ。**相手が重い現実を**

軽い言葉でしか表現できなかった場合、書き手は相手を見上げ、身を切るくらいのことをしなければ、そこに同等の重みは宿らない。書き手が安全地帯に立ってそれをやっても、代弁にはならないのだ。

言葉を超越する「言葉」

次は、2の「言葉にならない言葉をあえて強調する」について考えてみたい。

取材をしていて出会う言葉に「理解の難しい言葉」がある。たとえば、東日本大震災の取材をしている時、ある遺族が毎日のように遺体安置所に通っていたことがあった。家族が津波に呑まれたまま行方不明だったため、遺体が発見されていないかどうか確かめに来ていたのである。

その人は遺体安置所に入る前に、毎回車の窓を閉め切り、片手で鼻をつまみ、もう片方の手で口に手を当ててから、「ふーふーふー！」と叫ぶようにしていた。それを何度かくり返してから遺体安置所へ行くのである。なぜか。後で聞いたところ、「遺体安置所で遺体と対面した時に叫ばないように、事前に叫んでおいていた」と語っていた。こう教えられれば、「ふーふーふー！」という叫びに意味があったことがわかる。

書き手はこれをテキストにする時、「ふーふーふー！」では意味が伝わらないだろうと考え、説明的な文章で表したくなる。「その遺族は車の中で先に叫んでから遺体安置所へ向かうことにした」などと書くのだ。だが、これだとどこか軽い印象を受けないだろうか。「ふーふーふー！」という擬声語の方が、わかりにくさはあるが、複雑な意味を含んでいる。

このように、言葉にならない言葉を、安易に説明しようとすると、逆に重みがなくなる場合がある。時と場合によっては、言葉にならない言葉は、多少意味が曖昧であっても、そのままの形で使用した方が効果的なのだ。

次に引用するのは、『教誨師《きょうかいし》』（堀川惠子）である。刑務所の囚人に対して宗教を教える教誨師の人生を書いた作品だ。

この本の主人公・渡邉普相は浄土真宗の僧侶であり、長年にわたって刑務所に通い、何度も受け持ちの死刑囚の最期に立ち会ってきた。死刑執行の直前に、死刑囚とお別れの言葉を交わし、経を唱えるのである。

その中に、桜井という死刑囚の死刑執行に立ち会った時の場面が記されている。次は、若き日の渡邉さんの前で、先輩の教誨師・篠田龍雄さんが桜井死刑囚を死刑台に送り出しているシーンだ。読経が終わり、桜井死刑囚が刑務官に囲まれて、今まさに輪になった縄を首にかけられようとしている。

白い線で囲まれた正方形の枠の上に、桜井の身体が立てられた。もはや桜井の身体は、彼のものであって彼のものではなくなっている。刑務官たちは、事前に何度も繰り返し練習した通り、天井から垂れた太い絞縄《こうじょう》を手際よく首にかけようとした、まさにその時。青白い顔をした桜井がクルッと上半身だけをねじるようにして身体をこちら側に反転させ、必死の形相で篠田に向かって叫んだ。

「先生！　私に引導を渡して下さい！」

刑務官たちの手が止まった。みなが篠田の顔一点を凝視した。渡邉は焦った。浄土真宗に「引導」などない、どうする。すると篠田は迷いなくスッと前に進み出た。そして桜井に正面から向きあった。互いの鼻がくっつくほど間合いを詰め、桜井の両肩を鷲摑みにして、しゃがれた野太い声に腹から力を込めた。

「よおっし！　桜井さん、いきますぞ！　死ぬるんじゃないぞ、生まれ変わるのだぞ！

喝――――っ！」

桜井の蒼白な顔から、スッと恐怖の色だけが抜けたように見えた。

この「喝――――っ！」という言葉がポイントだ。

仏教の中では、喝という言葉は、僧が修行僧を叱責したり、励ましたり、真理を示したりする時に用いられるものとされている。だが、私も含めてほとんどの読者にとって、この言葉は明確な言葉で定義できるものではないだろう。いくら頭をひねっても、「がんばれ！」

「行け！」みたいな別のセリフに置き換えることもできない。桜井死刑囚がどのように解釈したのかも想像がつかない。

おそらく教誨師の篠田さんにしても同様だっただろう。死刑執行を前にした人間に対して「死ぬるんじゃないぞ、生まれ変わるのだぞ！」と言ったところで、それだけでは不十分なことは感覚的にわかっていたはずだ。だからこそ、最後にまるで悲鳴のように「喝――っ！」と叫んだわけで、他のセリフに置き換えられる類のものではない。

このように、誰にとっても言葉を超えた言葉というのは存在する。

人は自分の語彙の範囲内であらゆることを説明できるわけではない。ノンフィクションの題材となるような強烈な出来事を前にすれば、それをどうやって言葉にしていいかわからなくなることもしばしばだ。

そのような言葉に下手な解説を入れてはならない。読者は意味をつかめないかもしれないが、**あえて明示しないまま提示することによって、想像力を喚起させ、説明以上の重みを持たせる**のである。

とはいえ、取材においてこのような言葉が複数見つかったとしても、多用するのは避けよう。いくつも挿入すると、逆に言葉が軽薄になってしまう。ここしかないというところに、満を持して一つだけ配置するのが理想だ。それが言葉を超越したものを読者に伝え、心を揺さぶることになる。

　このように、書き手は人が言ったことをそのままテキストにするのではなく、どうすればもっとも効果的に読者へ届けられるかを考え、自分を重ねたり、文脈の中でそのまま使用したりするべきだろう。それが取材で得た言葉をテキストにするということなのだ。

第8章

作品の
社会性を
掘り下げる

圧倒的なカタルシスを生む

評価される作品とは

ノンフィクション作品として高い評価を受ける時になくてはならないもの、それが社会的価値、文化的価値である。

本が商品として販売される以上、そこに描かれるストーリーが面白いというのは絶対的な条件だが、それだけでいいなら、半グレの自伝や風俗ルポなどの裏モノと同列になる。

このような本が、同じように事実を扱っていながら社会的に評価されにくいのはなぜだろう。それは半グレや風俗が悪いというのではなく、本の内容が一つの表層的な出来事を書いているにすぎないからだ。情報としては面白いかもしれないが、それを超えたような広がりに乏しい。

一方、社会的に評価される作品は異なる。たとえ極めてパーソナルな問題を扱っていても、作品全体に、**人生や人間の本質、社会のあり方への深い気づき**を含んでいる。つまり、普遍性があるのだ。

たとえば、『目の見えない白鳥さんとアートを見にいく』は、著者の川内有緒さんが視覚障害の白鳥さんと美術を見に行くというノンフィクションだ。一見、非常にパーソナルなテーマに思えるかもしれないが、川内さんは白鳥さんとの体験を通して、障害とは何か、芸術鑑賞とは何かという非常に広い問い掛けをしている。

ここで紹介したいのが、1980年代の半ばの女子プロレスのブームをテーマにした『1985年のクラッシュ・ギャルズ』（柳澤健）である。

当時、女子プロレスは、ゴールデンタイムでテレビ放送されるほどの人気ぶりだった。その最大のスター選手が、「クラッシュ・ギャルズ」として一世風靡した長与千種とライオネス飛鳥だった。

この本がテーマにしているのは、2人のスター選手を軸にして沸き起こった女子プロレスブームという社会現象だ。その頃の日本では経済発展が著しかった半面、10代の少女たちにとってはまだまだ生きにくい時代だった。そのような中で、たくさんの鬱屈としたものを背負い込まされた少女たちは、自分の人生をクラッシュ・ギャルズの2人に投影し、熱狂し、人生を切り開く原動力にしていた。それが女子プロレスブームの背景にあるものだったのだ。

一般的に、プロスポーツの中で、女子プロレスは一段低く見られがちだ。反論はあるかもしれないが、女性プロレスは「ショービジネス」に属するものであり、五輪競技などに比べて勝負やルールのあり方が異なる。そういう意味では、試合そのものを丹念に書いても主流のスポーツノンフィクションにはなりにくい。

しかし、著者の柳澤さんがこの本でピントを合わせているのは、スポーツとしての女子プロレスではなく、ブームに熱狂した10代の少女たちの懊悩《おうのう》であったり、当時の社会背景だったり、それを背負って生きる若きレスラーの人生だったりする。そこには十分すぎるほどの時代性や社会性が内包されている。

一歩間違えば、ニッチなプロレスマニアのための本と見なされるような題材であっても、何をどのように深掘りすれば主流のノンフィクションになるのかを、この本は教えてくれる。

作品に社会性を与える

少し前に、漫画の編集者や漫画家たちと話をしていた時に、こんな話になった。

「同じテーマで漫画を描いていても、作者によってサブカル漫画になるものと、手塚治虫のような文学作品になるものとがある。その違いは何だろう」

ある編集者はそれを作者の「志の高さ」と言い、ある漫画家は「世界に対する洞察力の違い」と言っていた。「問題意識の違い」「才能の違い」と語る人もいた。

中には、「これまで愛読してきた作品の質の違い」と主張する人もいた。漫画にせよ、映画にせよ、小説にせよ、深みのある作品に何千作と触れて影響を受けてきた人は、自然と物語をそのレベルまで落とし込んで描くようになるということだ。

ここではこの問いに対する結論じみたことは書かないが、ノンフィクションもまた、同じテーマ、同じ舞台、同じ題材を扱っていても、書き手によって深さの次元がまったく異なる。

前提として、ノンフィクションを書こうとする人は、現実に起きている問題を扱っているがゆえに、自分が見つけたテーマには無条件で社会性があるとか、人間の本質が表れていると考えがちだ。これは私自身、しばしば勘違いするポイントである。

しかし、作品に書かれた内容が、読者みんながそう感じるほど深い領域に到達しているかどうかは別だ。たとえば失業問題について書いたとしても、取材や洞察が浅ければ、「ホームレス観察日記」レベルの本に留まり、場合によっては興味本位の文化的搾取として批判されかねない。

とはいえ、これを先の議論のように、志や才能の問題にしてしまえば、それまでだ。その側面もあるかもしれないが、書き手の創意工夫によって、作品に「時代性」「社会性」「人間性」を付与することもできる。

ここでは表現における二つ重要な姿勢を示したい。

1　時代や社会との関連性を示す。

2　人間の本質的な部分と結びつける。

まず1から見ていこう。

これは**物語の主要な要素の中に、書き手が時代や社会との関連性を見つけ出して紐づける**

図13　作品の奥行きをつくる要素

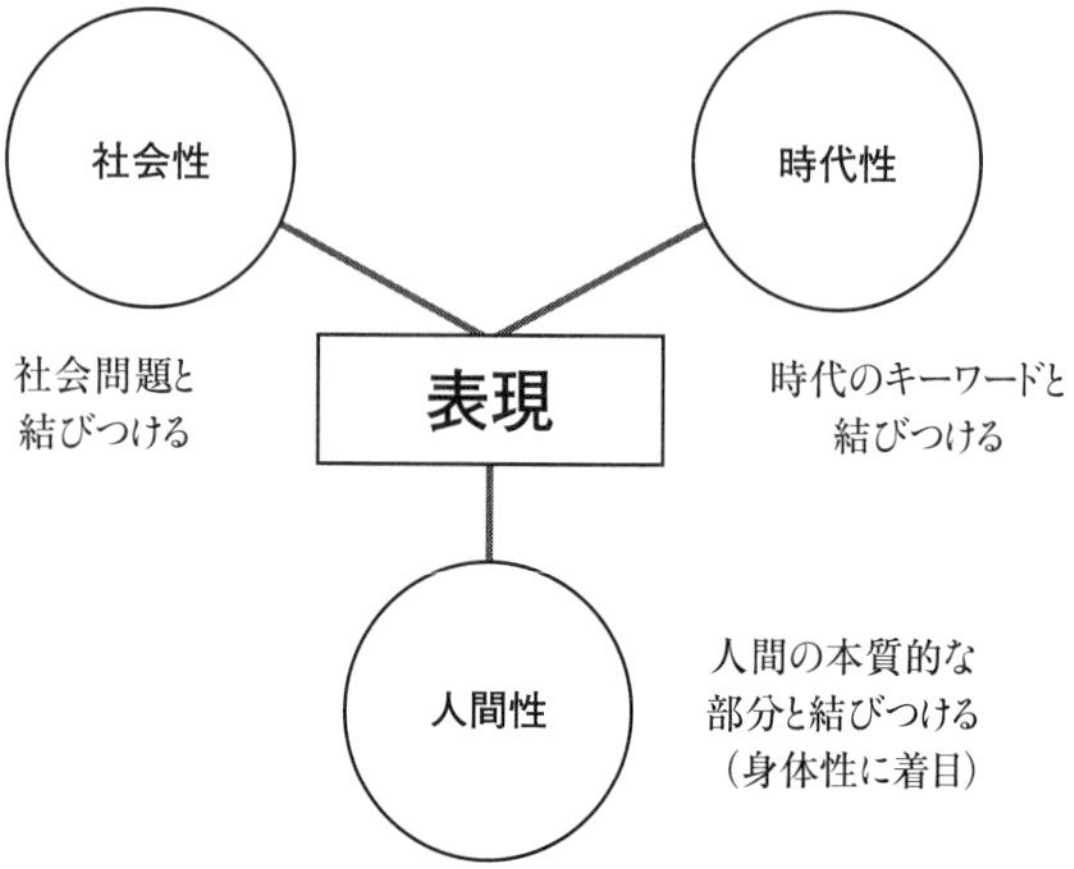

方法である。どこにでもあるようなことや、極めて特殊なことに対して、書き手が本にするための時代的意味、社会的意味を定義するのである。

たとえば、ある中学校で起きたいじめ事件を題材に本を書いたとする。いじめ事件はいつの時代、どこの学校でも起こることだし、過去にもさんざん取り上げられてきたテーマだ。重大な事件であっても、よほど大きな新規性がない限り、なぜ今この事件なのかという問いに回答を出しにくく、結果として既存の作品の焼き直しのようなものになりかねない。

では、書き手がいじめの中で使用されていたスマホに着目して意味づけしたらどうか。たとえば「スマホいじめ」「ＬＩＮＥいじめ」といった造語を作って当てはめれば、瞬く間に時代や社会との関係性が鮮明に浮かび上がるだろう。そのような作品は、それ自体が確固とした時代論、社会論になる。

もう一つ、企業における劣悪な労働環境を題材に本を書いたとしよう。上司の権力が強くて若手の意見が押しつぶされているとか、職場の時代遅れのルールが従業員の仕事を妨げているといったことを批判するのだ。これはこれで重要なことだが、いつの時代にもあることで、同じく新規性に乏しい。

ならば、これらを新しい概念で意味づけしたらどうか。たとえば、「パワハラ」「モラハラ」という言葉で権力の偏りを示したり、女性のハイヒールやパンプスの着用義務に抗議する「#KuToo」運動と紐づけたりするのである。これをすれば、作品に現代ならではの時代性や社会性を吹き込むことができる。

このように、着眼点を一工夫するだけで、作品は多くの人に納得されやすい形で時代性や社会性を取り入れられるのである。

テクニックのメリットとデメリット

作品の中で時代や社会との関連性を示すテクニックを十八番《おはこ》にしていたのが、佐野眞一さんである。

佐野さんの手法は、作品の中に物語の象徴となる〝舞台〟を設定し、時代性や社会性を結びつける。そしてそこを立脚点にして、主人公や出来事を書いていく。

佐野さんの代表作の一つに、ダイエーの創業者・中内㓛の評伝『カリスマ』がある。戦後の日本においてスーパーマーケットの形をいち早く導入して全国に展開しただけでなく、市場における流通や価格に大きな変革をもたらした実業家だ。

この評伝において、佐野さんが着目したのは、中内が太平洋戦争中に従軍していたフィリピン戦線だった。玉砕命令が下る中で、中内は九死に一生を得て奇跡的に生き延び、日本に帰国後、小売り業を巨大なビジネスに変えていった。

佐野さんは本の中で、フィリピンの戦場という舞台を設定し、そこを立脚点にして、中内の重戦車のようなエネルギーでビジネスを広げていく姿だとか、成功への果てしない欲望といったものに意味づけをしていく。つまり、フィリピンの戦場の極限状態が、中内という人間をモンスターに変えて、それが高度経済成長期からバブルへと向かう日本の戦後経済に大きな変革をもたらしたのではないかという見立てで、人物像を練り上げていくのだ。

むろん、これは佐野さんの推察であって、実際にそうだったかどうかは藪の中だ。だが、読者はこの舞台をくり返し示されていくうちに、だんだんと中内の背後にある時代性や社会性に強く思いを巡らさずにはいられなくなる。

この手法に対する好き嫌いはあるかもしれないが、佐野さんは主に昭和の時代に活躍した人物の評伝にこれを用いることで、数々の名作を書いてきた。そしてそれが、「昭和が生み出した怪物たち」という彼の巨大なライフワークへと結実していくことになる。

一方で、このテクニックは、諸刃の剣でもある。結局は著者の推察の域を出るものではないため、読者の共感を得られれば効果的に作用するのだが、著者の推論にずれが生じていれば、作品そのものの信憑性が失われかねない。

佐野さんも、何度かそうした落とし穴にはまっている。『東電ＯＬ殺人事件』がそうだ。

１９９７年、渋谷区円山町で街娼をしていた女性（事件当時39歳）が何者かによって殺害された事件のルポだ。この事件は、慶應義塾大学を卒業したエリート女性が、父親と同じ東京電力に就職した後、高収入があったにもかかわらず、わずか数千円で日本人だけでなく、外国人の不法労働者を相手に売春をしていたことで話題を呼んだ。

本の中で佐野さんが着目したのは、殺害現場となった円山町だ。この地域には、奥飛騨の御母衣《みぼろ》ダムの工事の際に村を水没させられた人々が多額の補償金をもらって移住してきていた。そこで佐野さんは、電力会社が村を水没させた土地の怨念のようなものが、東電ＯＬを売春の道に引きずり込む「磁力」になったのではないかと語るのだ。

書きぶりがいいので、思わず首肯しそうになるが、被害者の女性の売春と、奥飛騨のダム工事には何の因果関係もなく、理屈としては破綻しているといわざるをえない。この本は、容疑者のネパール人の冤罪を解き明かすというサブストーリーがあるので、理論の破綻が作品全体の致命傷にまではなっていないが、一歩間違えれば本の存在意義が問われていただろう。そういう意味では、**社会性や時代性と紐づける時は、そこに万人が受け入れられるほどの説得力が必要**なのである。

身体性と人間性

次に、2の「人間の本質的な部分と結びつける」について考えてみたい。

作品に深みをもたらすのは、時代性、社会性に加え、人間性が描かれているかどうかだ。根源的な人間らしさや、人間全員に共通する真理といったものだ。

もちろん、ノンフィクションは人がやっていることをストーリーにしているので、理屈の上ではどんな事象にも人間性は存在する。だが、実際はそうではない。作者がストーリーの中に人間性を見いだし、誰もがわかるような表現で提示しなければ、読み流されてしまう。

社会で起きた事象に対して人間性を付与するのに有効なのが、人の〝**身体性**〟から書いていくことだ。先ほどと同様に、いじめや労働問題で考えてみよう。

学校の子どもたちの間でいじめ自殺があったとする。被害者の親は、わが子を失くしたショックで寝たきりになった。その親の悲嘆を、単に「ショックのあまり、寝たきりになりました」と書くのと、「ショックのあまり、毎日事件が起きた時刻に息子の声の幻聴に悩まされるようになりました」と書くのとでは、どちらが人間性を強く感じるだろうか。

あるいは、劣悪な労働環境に苦しみ会社を辞めた社員がいたとする。この社員は疲れ果てて働く気力を失った。この状態を単に「仕事のつらさから、何もする気が起こらなくなりました」と書くのと、「仕事のつらさから、不眠と摂食障害に悩まされ、髪が真っ白になってしまいました」と書くのとでは、どちらが人間性を強く感じるだろうか。

言うまでもなく、後者に強い人間性を感じるはずだ。**人物描写においても、心理描写においても、身体性に着目して書かれると、より人間性が伝わりやすくなる**のだ。

良い作品には、時代性、社会性に加えて、この人間性が巧みに盛り込まれている。『苦海浄土』（石牟礼道子）という作品がある。水俣病の患者たちを一人ひとり訪ね歩き、そこで起きた悲劇を文学的な筆致で表した作品だ。

書籍が出版された1969年は、まだ水俣病裁判の判決が確定していない時期であり、読者にしてみれば十二分に時代性と社会性が内包されていた。同時に、この作品には極めて強い人間性が書かれている。

次は、結婚2年経って水俣病にかかり、寝たきりになった女性が、その苦悩を自らの月経と重ねて語る言葉だ。

嫁に来て三年もたたんうちに、こげん奇病になってしもた。残念か。うちはひとりじゃ前も合わせきらん。手も体も、いつもこげんふるいよるでっしょが。自分の頭がいいつけんとに、ひとりでふるう（※震える）とじゃもん。それでじいちゃん（※夫）が、仕様ンなかおなごになったわいちゅうて、着物の前をあわせてくれらす。ぬしゃモモ引き着とれちゅうてモモ引き着せて。そこでうちはいう。（ほ、ほん、に、じ、じい、ちゃん、しよの、な、か、お、おな、ご、に、なった、な、あ。）うちはもういっぺん元の体になろうごたるばい。親さまに、働いて食えといただいた体じゃもね。病むちゅうこたなかった。うちゃ、まえは手も足も、どこもかしこも、ぎんぎんしとったよ。

海の上はよかった。ほんに海の上はよかった。うちゃ、どうしてもこうしても、もういっぺん元の体にかえしてもろて、自分で舟漕いで働こうごたる。いまは、うちゃほんに情なか。月のもんも自分で始末しきれん女ごになったもね……。

うちは熊大の先生方に診てもろうとったとですよ。それで大学の先生に、うちの頭は奇病でシンケイ（※神経）どんのごてなってしもうて、もうわからん。せめて月のもんば止めてはいよと頼んだこともありました。止めゃならんげなですね。月のもんを止めたらなお体に悪かちゅうて。うちゃ生理帯も自分で洗うこたできんようになってしもうたっですよ。ほんに恥ずかしか。

水俣病は、工場がメチル水銀の汚水を海に流し、海産物を汚染させたことによって起きた公害だ。町の人たちはそれらを日常的に食べることによって全身の震え、視力や聴力などの障害、激しい頭痛や耳鳴りなどが起き、寝たきりになって死亡するケースも多々あった。

その苦悩を丁寧に書き綴れば、水俣病の恐ろしさは十分に伝わるが、著者の石牟礼さんは、そこにさらに生理現象の描写を加える。

結婚して間もなく水俣病にかかって長年寝たきりになり、月経の処理すら自分でできず、夫に頼らなければ生きていくこともままならない己の不甲斐なさ。それを被害者の語りによって活写することで、患者の苦難に人間性を付与しているのだ。

このように、物語の中に身体性を織り込めば、人間性を強く描き出すことができるようになる。ただ、身体性、特に生理現象は書き方が非常に難しい。表現によっては、作品全体を低俗なものにしかねないので十分に気を配るようにしたい。

ラストシーンとカタルシス

作品の中に普遍性をうまく入れられたとしよう。それができた場合、何が変わるかと言えば、ノンフィクションとしての奥行きが果てしなく広がるのだ。

先に述べた『カリスマ』のようにフィリピン戦線と中内㓛のバイタリティーを結びつけたり、『苦海浄土』のように被害者の苦悩を月経と結びつけたりして書けば、説明的文章では表せない広さと重さが加わる。

作品に普遍性があればあるほど、ラストシーンでは著者が下手な言葉でストーリーを締めくくるべきではない。批評的なまとめがあることで、作品全体が急に陳腐なものになってしまうからだ。

『カリスマ』でいえば、読者は戦争と戦後経済の発展に言いようのない不気味さを感じているし、『苦海浄土』でいえば、読者は水俣病患者の終わりのない苦しみに圧倒されている。それらの作品の最後で、書き手が急にこう記したらどうか。

「したがって、戦争という愚行を絶対にくり返してはならない」

「したがって、公害を再発させてはならない」

ストーリーに宿った普遍性とまったく合致せず、ラストの一言のせいで作品全体が台無しになってしまう。経験の浅い書き手は、しばしばラストに教訓めいた自分の意見を記しがちだが、そこはぐっと抑えなければならない。

理想のラストシーンとはどのようなものなのだろう。

一般的に言われるのは、ストーリーの終盤に「カタルシス」を作る方法だ。カタルシスとは、心の浄化作用のことで、読者の心の中のマイナスの感情が解き放たれて自由になるイメージだ。

映画『E・T』であれば、地球に来たE・Tが人間に捕まって絶望的な状況になることで観客の胸にはマイナスの感情が溜まる。だが、後半で物語が急展開し、子どもたちの勇気とE・Tの力によって宇宙に帰れることになり、ラストは感動の別れのシーンで締めくくられる。これによって、観客のマイナスの感情が解き放たれ、浄化されるのがカタルシスだ。

ノンフィクションでも、カタルシスを意識してストーリーを締めくくるのは非常に有効だ。作品を通して読者が抱えた重量感のある感情を、最後の最後で解き放たせるのだ。

とはいえ、ノンフィクションの場合は、必ずしも現実にハッピーエンドがあるわけではない。主人公が亡くなって終わるような作品がその典型例だ。そういう作品の場合はどうしたらいいのか。よく行われるのが、**著者の「願い」「祈り」「希望」といった思いを上乗せしてカタルシスを作る方法**だ。

たとえば『聖の青春』は、主人公の村山聖が長い闘病の末に力尽きて亡くなるところで本編は終わる。ここまではカタルシスはない。だが、著者の大崎さんは本編の後にエピローグを設け、そこで聖に対する記憶や思いを書くことでカタルシスを作り上げる。それが次だ。

> 私の心の中にはいまも村山聖が生きている。（中略）
> 村山の夢はかなったのだろうか。時々私はそのことに思いを馳せる。私にはわからない。名人になることが夢だったのか、それとも名人になろうとすることが夢だったのか。それすらもわからない。どんな苦しみにも耐え、病院のベッドの上で、前田アパートの

穴蔵の中でのたうち回りながらも村山はいつも夢に向かって進もうとした。夢に向かう人間の強さを、村山はまざまざと見せつけ、そして教えてくれた。腎機能が停止し、膀胱を摘出され、肝臓に癌が転移した夜も、村山は夢を目指した。将棋は村山にすべてを与えてくれた。村山の心にはいつも将棋盤があり、その上には果てしない青い空が広がっていた。

目の前にせまりくる死を見つめながら、村山はその短い人生の最後の最後まで少しも諦めずに、少しもひるむことなく必死にはばたきつづけた。

幼い日、一人きりで眠れない夜をすごした病院の固いベッドの上で、息を潜めながら見つけ出した何ものにもかえられない翼。

名人への翼を。

本編では聖の視点で幼少期から亡くなるまでの人生を書き、エピローグでは著者の視点で極力説明を省いて、純粋に「思い」「願い」「祈り」を行間のある言葉で書き綴る。これによって普遍性を損なうことなく、読者の心を解放させているのだ。

文芸色の強いノンフィクションでは、この手法は頻繁に用いられる。私も『遺体』『浮浪児1945-』といった作品では、本編は登場人物の視点で展開し、エピローグや終章で著者の目線でカタルシスを作り出すことをした。

ポイントは、決して「この物語はこうである」という決めつけるような言葉を用いないこと。あくまで読者が抱える重たい感情を解き放つように、書き手の思いを叙情的に描写する。その際、先の引用文の中の「翼」のような、比喩を上手に使うとうまくいく可能性がより高まる。比喩は間接表現なので、具体的なメッセージを押し付けずに済むため、カタルシスを生み出しやすいのだ。

これはロジカルなノンフィクション作品においても通じることだ。私は『ルポ　誰が国語力を殺すのか』という、日本の子どもたちの国語力をテーマにした本を書いたことがある。なぜ国語力が脆弱になり、子どもたちがどのような困難を背負っているのかをテーマにした作品だ。

この本のラストに、私はどうしてもカタルシスを作りたかった。そこで、ヘレン・ケラーの自伝の言葉に関するエピソードを引用することにした。私の言葉で国語力の意味を定義するのではなく、見えない、聞こえない、話せないの三重苦のヘレン・ケラーの体験から、生きる力と国語力がどう関係しているかを示し、カタルシスを作ったのである。

物語性の強い文章、ロジカルな文章、どちらでもカタルシスの効果を使えることは覚えておいてほしい。読者はラストシーンにおいて書き手に作品を具体的な言葉で定義してほしいのではなく、叙情的な表現で感情を解放してほしいのである。

負の物語には負のカタルシスを

作品のラストのカタルシスを考える上で、ノンフィクションならではの特徴もある。ストーリーによっては、カタルシスが正反対の効果を生むことがあるということだ。

たとえば、『苦海浄土』に書かれる水俣病患者の苦痛に対するマイナスの感情が、書き手の安易な言葉によって解き放たれるなんてことは言語道断だろう。患者は今なお筆舌に尽くしがたい苦しみを味わわされているわけで、第三者が勝手に解放していいものではない。

そうしてみると、ノンフィクションの中には、負の感情を浄化させず、負の感情のまま幕を下ろさなければならない話が相当数あることがわかる。

このような作品においても、書き手がラストに結論じみた意見を書くのは、できるだけやめた方がいい。固有の負の感情が凡庸なものになってしまうからだ。

ならば、どうすればいいのか。仮に書き手が自分の意見を書くにしても、**読者に対して「結論」「判断」「解釈」を委ねるような表現にする**べきだ。

ここで提案したいのが、次の三つの方法である。

1　情景描写で終える。

著者のメッセージを言葉にせず、情景に託す。読者は情景を通して自分なりの思いを構築する。

2　問い掛けの言葉で終える。

「登場人物はどうなるのだろう」「あなたはどう判断するか」と書くことで、読者にストーリーのタスキを手渡す。

3　To be continued（つづく）の形で終える。

本は終わるが、現実の物語は今後もつづくということを明示する。

1から考えてみよう。これは書き手が意見を言う代わりに、情景描写をすることだ。取材をしていれば、全体のメッセージを象徴するシーンに出会うことがある。その情景を、何も語らずに淡々と描写して終えるのだ。

『A3』（森達也）のラストシーンで考えてみたい。

著者の森さんはこの作品でオウム真理教事件に様々な角度から光を当て、事件の全容がまだ解明されていないこと、国や司法が幕引きを早まりすぎていること、関係者がしっかりと事件と向き合えていないことなどの矛盾点を指摘した。そして最後にこの事件で、サリンの製造や散布に関与した罪で死刑判決を受けた中川智正死刑囚との面会のシーンを描く。

次は、面会室で行われた著者の森さんと中川死刑囚のやり取りである。

刑務官が立ち上がった。僕（※森）は聞く。たった今思いついた質問だ。

「もし今、この部屋（※拘置所の面会室）に麻原（※彰晃）がいきなり現れたら、中川さんはどうしますか」

中腰になりかけていた中川は、僕の質問の真意を測りかねるという表情になりながら首を傾げる。

「ここに、……ですか」

「もちろん仮定です。この部屋にいきなり麻原が現れて、中川さんにヴァジラ・ティッサ（※中川のホーリーネーム）と呼びかけてから、これから救済活動（※テロ行為）を再開するぞと言ったとしたら」

長い間があった。刑務官はじっと待っている。

「……勘弁してくださいって言います」

やがて中川は言った。小さな声で。目もとは何となく潤んでいる。

「本当に？」

「本当です。僕はもう……もう、本当にそういうシナリオは、勘弁してくださいです」

声は消え入るように小さくなった。刑務官が中川の肩に手を置きながら退室を促した。

大きな背中を少しだけ丸めるようにして、中川智正は面会室を出て行った。その表情はもうわからない。

森さんは、どちらかといえば、作中で自分の意見を明確な表現で記すタイプだ。だが、この本のラストシーンでは、あえてそれをしていない。多くのことが曖昧なまま国によって無理やり終止符を打たれたオウム真理教事件の象徴として、中川死刑囚との面会シーンを淡々と描写するのである。

2については、作品の最後に、書き手が自分の思いを登場人物や読者に投げかける方法である。本編で物語を完結させつつ、それに対して思っていることをあえて疑問形で示すことで、読者と共有するのだ。

『女帝　小池百合子』のラストシーンがそれだ。

何をしてでも有名になれという父、手に職を持ち、ひとりで生き抜いていかなくてはいけないと語った母、女の子なのにかわいそうにと憐れむように、蔑むように向けられた視線。

彼女（※小池都知事）は宿命に抗った。そのためには「物語」が必要だったのだろう。

彼女は生涯において一度だけ、高い崖から飛び降りている、カイロ大学を卒業したと語った、その時である。

「物語」がなければ、今の社会的地位を手にすることはできず、平凡な女の一生を歩んでいたであろうか。だが、彼女に平凡な人生を歩めるような環境が、与えられていなかったこともまた、事実である。

彼女に会う機会があったなら、私は何を聞くだろう。

崖から飛び降りたことを後悔しているか、それに見合うだけの人生は手に入れられたか、自分の人生を歩んでいるという実感はあるのか、あなたは何者になったのか。そして、太陽はあなたに眩しすぎなかったか、と聞くだろう。

著者の石井妙子さんは、自分への問い掛けと小池都知事への問い掛けを重ねることによって、読者にその答えを委ねて物語を終えている。

ポイントは、ラストの一言「太陽はあなたに眩しすぎなかったか」という言葉だ。これを具体的な言葉で書いていたら、情緒の広がりは限定的なものになってしまう。あえて比喩を用いることで読者の想像力を無限大に刺激しているのだ。

3については、二つのパターンがある。一つが、「登場人物にとっての〈つづく〉」で、もう一つが「書き手にとっての〈つづく〉」だ。

前者でいえば、『心にナイフをしのばせて』がそうだ。終章は、事件によって兄を殺され、家庭も崩壊し、自身も30年以上PTSDで苦しんできた妹の独白が書き綴られる。著者の奥野修司さんは、妹の言葉を通して、事件も苦悩もまだまだつづくのだということを記す。それが次だ。

わたし（※妹）の心につけられたシミのような傷を消すことができるとすれば、あの事件に「決着」をつけられたときのような気がする。その「決着」のために、わたしはこの三十余年、心の底にナイフをしのばせてきた。いつでも対決できるように――。

（中略）

いずれあいつ（※犯人）と会うようになると思う。そのとき「決着」をつけられるかどうか、今のわたしにはわからない。ただ、もしその機会があれば、兄と父の遺志を背負って会うつもりだ。だからこう答えた。

「会うときは、自分の命をかける覚悟で会いたい」

果たしてそれを、天国にいる父と兄が許してくれるだろうか。

このような形で物語が終われば、読者は嫌でも事件の遺族である妹の「その先」を考えずにいられなくなるだろう。書き手が下手に結論づけて「この悲劇はまだ終わらない」と書くより、ずっと妹の無念と覚悟が読者の胸に響いて伝わる。普遍的な負の感情を、そのまま読者に手渡すという点において、非常に有効な手段だ。

二つ目の「書き手にとっての〈つづく〉」で紹介したいのが、『犯人はそこにいる』のラストシーンである。最後の章で、著者の清水潔さんは自問自答しながら殺人事件の真犯人への決意を次のように述べる。


なぜ殺した。

ゆかりちゃんは今どこにいる。

私は、狂おしいほどにそれが知りたいのだ。（中略）

今も耳の奥から消え去ることのない、小さな声。

「つらかっただろうね。夜暗くなって、知らない人にこんなところに連れてこられて」

「おねえちゃんに会いたかったよ……なんで真実ちゃんだったの？」

「お母さんもそれがわかんないんだ。返して欲しかった」

何度も何度も報じたぞ。

ルパン（※真犯人）よ、お前に遺族のあの慟哭は届いたか。

お前がどこのどいつか、残念だが今はまだ書けない。

だが、お前の存在だけはここに書き残しておくから。

いいいか、逃げきれるなどと思うなよ。

著者の清水さんは真犯人を追いつめたものの、100%の証拠が欠けているために逮捕まで持っていけない。だが、これで終わりではない。遺族の悲しみを背負って、自分は絶対に真犯人を逮捕まで持っていくのだ。そうした決意を言葉で表明することで、その先の物語を読者に暗示させて終えているのである。

ここに紹介したテクニックは、ストーリーの先を予感させるという点で共通する。読者が抱えたマイナスの感情を解放しない代わりに、現実に起きていることの先＝未来を示すことによって、読者の想像力を無限大に広げているのである。これによって、読者はカタルシスに似た効果を得られるのだ。

奥深さを作るための推敲

作品をすべて書き終えれば、最後にもう一つ大きな作業が残っている。推敲である。推敲とは、書き終わった文章を読み直して練り上げる作業のことをいう。簡単にいえば、「見直し」の作業だ。

私は推敲を3段階で行っている。「小見出しを書き終わった段階」「各章を書き終わった段階」「一冊を書き終わった段階」である。そしてそれぞれの段階で見直すポイントが少しずつ異なる。

1 小見出しの推敲：伝えたい内容が適切な順番で書かれているか。
2 各章の推敲：複数の小見出しが相関性を持って章としてまとまっているか。
3 本全体の推敲：後に述べるような細かな表現の修正。

文章は書いている時と、しばらく時間を空けて読み直した時との印象がまるで違う。そのため、1の小見出しの推敲は何度もくり返す。1章に五つ小見出しがあったとしたら、一つ書き終えるごとに章内の別の小見出しの内容も含めてすべて見直すようにする。

2の各章の推敲は、章全体を書き終わってから行う。小見出しごとの推敲は、あくまで小見出しの内容についてのものであり、それがイメージ通りに書けても、章としてのまとまりや流れができているかは別の話だ。そのため、すべての小見出しを書き終えた時点で、章のまとまりや流れを徹底的にチェックする。

基本的に、構成を練る段階で完成予想図の骨格ができ上がっていて、1、2の推敲がしっかりと行えていれば、本全体の流れにさほどズレが生じることはない。ビルを建てる際に、各階をしっかりと作れば、ビル全体が図面通りに完成するのと同じだ。

それゆえ、3では、改めて文章の細かな表現を主にチェックすることになる。レベルを次の図の三つの段階に分けて押さえておこう。

図14　推敲のチェックポイント

レベル1

□ 主語と述語の関係が適切か（文のねじれに注意）
□ 誤字・脱字はないか
□ 基本的な表記が統一されているか
□ 近接した箇所に重複するフレーズや表現がないか
□ 一文一義か（一つの文章に一つの意味だけを書く）

レベル2

□ 事実関係や発言の記述が正確か
□ 改行や句読点が効果的に配置されているか
（リズム感があり、息継ぎのできる文章か）
□ 作品全体の中で内容が重複している箇所はないか
□ 過剰表現、差別表現、誤解を招く表現はないか
□ 統計データや引用先の情報は最新か
（出典と意味の相違はないか）

レベル3

□ 上から目線で登場人物に対して審判を下していないか
□ 取材先やその関係者に対する配慮が行き届いているか
（記述による誤認や二次被害が起きないか）
□ 説明的文章は適切な入れ方でシンプルにできているか
□ 読み手に想像させる「行間」を作り出せているか
□ 表現や全体の流れで「作品世界に引き込むつかみ」「中盤の読み応え」「ラストのカタルシスに至る力強いリーダビリティ」をつくり出せているか

推敲は、おおよそこのような形で行われる。執筆中は書き手として、推敲中は一読者として原稿に向き合うようにしよう。先に、私は「12歳の読者」を想定していると書いたが、推敲で読み直す時は、12歳の読者になりきり、引っかかる箇所がないかを探すようにしている。

書き手がパーフェクトな推敲を目指すに越したことはないが、実はデメリットもあると私は思っている。推敲に多大な労力をかけ、締め切りギリギリまでかけて完璧な文芸作品を完成させたと思い込むと、その後に編集者を含めた第三者の意見を取り入れ、書き直すことが難しくなるのだ。

文筆業に就きたいなら、正しい日本語表現は必須だ。だが、いくら文章が日本語として整っていても、内容に説得力が乏しければ、作品に命が宿らない。英語のスピーチで、どれだけ発音が流暢でも、内容が伴っていなければ意味がないのと同じだ。

書き手がもっとも優先するべきは、作品全体のクオリティだ。そしてそれを高めるには、原稿をすべて書き上げた後、それを読んだ編集者なり第三者なりから的確な指摘をもらい、それを自分なりに落とし込んで書き直すことである。

先にデメリットと述べたのは、日本語表現の推敲だけに過剰なほど力を入れると、すべてやり尽くした気持ちになり、外からの意見に耳を傾けにくくなるためだ。編集者にこうするべきではないかと指摘されても、「いや、私が絶対に正しい」「編集者の指摘がおかしい」と考え、修正に応じようとしなくなる。

そのため、私は締め切り直前に原稿を提出するということはしない。多少、推敲の時間を削ってでも、雑誌などの短編、中編の記事なら締め切りの10日前、書籍なら3週間前には草稿を用意して渡す。そして、編集者に次のように伝えるのだ。

「私のやり方として、編集者の意見をきちんと聞いて、直すところをしっかり直すことを心がけています。だから、最初は草稿（下書き）の形で提出します。ちょっとした誤字脱字などは次の段階かゲラの段階で直すので、それ以前の全体的なところ、たとえば構成に関することでも何でもいいから、気になる点があれば徹底的に指摘してください」

こうして編集者には、細かな誤字脱字の指摘ではなく、全体の流れや構成に関して忌憚のない意見を出してもらうのだ（元来、誤字脱字等のチェックは校閲者の仕事であり、全体的なことのチェックは編集者の仕事だ）。

もちろん、編集者の指摘が絶対に正しいわけではない。しかし、誰かに指摘されたということは、少なくとも1人は違和感を覚えたということだ。編集者の指摘通りにするかどうかは別にして、そこに何かしらの引っかかりがあるのだとしたら、修正はするべきだ。

締め切りよりだいぶ前に、草稿として編集者に提出するのは、書き直しの時間を確保するためと、どんな指摘でも直そうという心境を保つためである。

誤解を恐れずにいえば、誤字脱字なんてゲラの校正の段階でいくらでも直すことができる。入稿の前段階、つまりゲラにする前の段階でやらなければならないのは、ストーリー全般に関することだ。

同じことは、これから新人賞に応募しようという素人にも当てはまる。ノンフィクションを書く際は、書き手があながち現実を見聞きしているがゆえに、一般読者からしたら描写が不足しているところや、説明が不十分だったりするところがある。構成を入れ替えた方がいいというところもあるだろう。それゆえ、編集者に読んでもらう機会がなくても、家族や友達に一度は目を通してもらうようにしよう。第三者の意見を聞いて、アップデートしていくことこそが、推敲作業でもっとも重要な点なのだ。

社会的評価を意識すべきか

ここまで、社会的な評価を受けることのできるノンフィクション作品を書き上げるにはどうすればいいかという観点で、そのプロセスについて述べてきた。

大前提ではあるが、書き手によって理想とする作品は違う。文学賞に選ばれるような硬派な作品より、自分はエンターテイメントを貫きたい、ライトエッセイを出版したい、あるいは既存の作品にはないジャンルを創出したいという人もいるかもしれない。ならば、自分の目指す道で、それを貫くべきだ。

１９９０年代後半～２０００年代前半にかけて、それまでノンフィクションの中核を担っていた雑誌ジャーナリズムが、雑誌の低迷などが原因で弱まっていった。これと時を同じくして、高野秀行さんの他、『旅の理不尽』などの宮田珠己さん、『世界屠畜紀行』などの内澤旬子さんといった若手が登場し、ジャーナリズムとはまったく異なる「エンタメノンフィクション」を牽引して斬新な作品を次々と送り出した。

重要なのは、彼らがそれを一過性のブームにするのではなく、10年、20年とそれに徹した作品を書きつづけたところだ。それによって、読者が徐々に増えていき、いつしかノンフィクションの一つのジャンルとして確立され、追随する若手まで出てくるようになった。

自他共に傍流を認めていた彼らが大きな賞を受賞したり、選考委員になったりしたのは、世の中の誰もがその仕事を認めざるをえなくなった証だろう。はじまりの道が傍流であったとしても、長年それを継続して多数の読者の支持を得ることができれば、主流になれることの好例である。そうした作品こそが、ノンフィクションを大きく進化させていく。

こうしたことから、私は周りの評価を必要以上に気にして作品を書くことには反対だ。作品のスケールを狭い枠に閉じ込めてしまいかねないし、作家としての独自性が色褪せることもある。それは制作物としての魅力を半減させる。

私自身のことについていえば、20代でデビューした頃は賞をもらって主流の道で有名になりたいと思っていた。だが、複数の賞にノミネートされる中で、自分が目指している形と、上の世代の選考委員が理想とする形に違いがあることに気づいた。

具体的には、私は学生の頃からフォトグラファーや民俗学者が持つ取材対象との緊密な距離感に憧憬を抱いていた。たとえば、ベトナム戦争の米軍にフリーのカメラマンとして従軍して報道写真を撮った『戦場カメラマン』（石川文洋）、自らの足で全国を歩き回って民俗調査をする『忘れられた日本人』（宮本常一）などだ。書き手が取材対象者と限界まで距離を縮め、社会批判よりも、人間としての営みを描く筆致に魅了された。

高校時代に辺見庸さんの『もの食う人びと』を読んだ時は、文芸的表現を駆使して描くやり方があることを知って目を見開かされる気持ちになった。書き手、登場人物、読者が三つ巴になってあえぎ、苦しみ、泣きながら進んでいくような表現。私はここにもう少し実験的な手法を組み込み、より文学性を高めた作品を作りたいと考え、ノンフィクションの取材と執筆をはじめたのだ。そうすれば、世界をまったく新しい感覚で描き出し、ジャーナリズムに関心がない同世代の若い層を振り向かせ、心を揺さぶれるという確信があった。

そこで私はこう切り替えた。

「たとえ主流のやり方でなくても、私は自分の理想とする形でノンフィクションを書く。私と同じ世代の読者はきっとそちらを求めているはず。これを誰よりもたくさん出して、売り上げが伴えば、少なくとも読者と出版社は認めてくれるだろう」

頑固な発想だが、若いうちはそれが武器になる。

幸運なことに、気骨のある編集者たちが次々と声をかけてきて、「やりたいようにやれ」

と連載媒体から取材費まで何でも用意してくれた。おかげで、20代で出した作品はすべて版を重ねた。

仕事をつづける中で、私は毎週のように編集者たちと顔を合わせて朝まで議論を重ねた。このやり方は変えた方がいい、この部分は貫き通すべきだ、今度はここをこう変えてみてはどうか……。そうした話し合いの中で、未知のテーマに挑戦させてもらったり、実験的な作品を書かせてもらったり、熟練の編集者が取材に同行して徹底的に取材のやり方を叩き込んでくれた。

このようにして海外ルポからはじまったテーマは、いつしか災害、戦争、歴史、事件、医療、教育などと横へ広がっていき、ジャンルにおいてもノンフィクションだけでなく、小説、児童書、漫画原作、写真、シナリオなどを手掛けるようになっていった。

こうした活動を、別の業界の人たちも面白がってくれた。若くして『情熱大陸』のような人物ドキュメンタリー番組でいくつも取り上げられたり、ＮＨＫの総合テレビのニュース番組で司会やコメンテイターに抜擢されたり、学術関係の委員に任命されたりするようになった。こうしたことによって、一周回ってノンフィクションの世界の評価にもつながっていったように思う。

そんな私も気がつけば、20年くらい本を書いてきたことから、世間的には主流のような印象を持たれているかもしれない。これには複雑な思いもあるが、１、２作で消えていく人が大半の世界では、長きにわたってたくさん本を出しつづけていれば、自ずとそうなるものだ。

こうした経験を踏まえれば、主流であろうと傍流であろうと、社会的に評価される作品を作ることには、それなりのメリットがあると思っている。たとえば、次のようなものだ。

・マスメディアで作品や著者が取り上げられやすい。
・コラム、書評、エッセイ、推薦文といった仕事が回ってきやすい。
・映画化、ドラマ化、舞台化、漫画化がされやすい。
・テレビのコメンテイター、講演会の講師、各種委員などに選ばれやすい。
・大きな企業とのタイアップやスポンサーがつくような仕事を得やすい。
・作品が社会的な実績とされるので、別のジャンルをやる際に信頼されやすい。

専業作家として長く仕事をしていく上では、このような恩恵は決して無視できないものだ。本書はプロを目指す人に向けた本なのであえて書くが、私が執筆活動以外の副業（講演、メディア出演など）から得られる収入は、30代になる頃にはすでに一般的な会社員の年収くらいにはなっていた。これがベースとなって、執筆によって得られる本業の収入（副業より上）が加わるので、生活が安定するだけでなく、まったく新しいテーマやジャンルに挑戦する余裕が生まれる。

また、こうした社会的な信頼によって異業種の分野の人たちと接点を持ち、最新の情報を得られることもメリットだ。学会や企業の講演に呼ばれるので色々な業界の人と親しくなれるし、学術研究関連の委員もしているので最新の知見を得られる。そうした人脈や経験が、執筆活動に活用できるのは言うまでもない。

出版社からの信頼という点でも有利だ。大手出版社は、出版をビジネスとしてとらえている一方で、文化の担い手としての自負もある。社会的に意義のある本を出したいと思っているし、その点において評価の高い著者を大切にする。

こうしたことからわかるように、社会的な評価を受けることは、いくつもの大きなメリットがあるのだ。高評価を得れば、作品が教科書に載ったり、映画やドラマになったりして何十年後も読み継がれたり、新たなステージへ進む際の土台になる。

初めから社会的評価を目指すのか、傍流としてわが道から出発するのか、書き手によってやり方はそれぞれだが、作品の中に普遍性を取り入れ、多くの読者から広く支持されるように工夫することは、長くつづけていく上で必要不可欠だと思う。

デビューへの道のり

デビューの仕方についても言及しておきたい。ある程度名の知れた出版社から単行本としてのノンフィクションを出したいのならば、大きく三通りの道がある。

1　出版社に持ち込む。
2　ＷＥＢや雑誌で書いたものが評価されて本になる。
3　新人賞を獲る。

順番に見ていこう。

出版社に持ち込む時は、基本的には企画書ではなく、完成原稿を渡すことになる。すでに評価されたドキュメンタリー番組の書籍化などといった企画は別にして、無名の新人の作品は完成原稿がなければ判断できないためだ。

カルチャーセンターの生徒の意見を聞いていると、この方法がもっとも出版のハードルが低いと考えている人が多いようだ。しかし、注意しなければならないのは、実用書ならいざ知らず、本格ノンフィクションを出す出版社はかなり限られているということだ。

文藝春秋のような大手出版社だって、ルポと呼べるようなノンフィクションの刊行は月に1点くらいで、その8割以上が実績のある書き手の著作だろう。大手数社以外の出版社となれば、なおさら条件は厳しくなる。そう考えると、無名の新人が持ち込んだところで、企画が通って出版に至るのはほんの一握りと考えるべきだ。

その点、2の方がまだ可能性は高いのではないか。

まず、出版社で雑誌やWEBのライターをしていて、そこでの活躍が目に留まり、編集者からこのテーマで本を書いてみないかと声をかけられるケースだ。あるいは、自分で興味のあるテーマを見つけ、懇意にしている編集者に企画を持ちかけて通してもらうこともあるだろう。

昔は雑誌ジャーナリズムが盛んだったこともあり、そこで数年にわたって修行をつんで本を出すというルートがあった。60年代生まれまでの書き手の多くは、そのルートで世に出ている。

ただ、近年は雑誌の衰退と共にそういうケースが減っている代わりに、無名の新人がnoteのようなWEBメディアで発表した作品が、編集者の目に留まって出版を持ちかけられることが増えている。すでに完成した原稿がある上に、ネットの「〇〇万PV突破」「フォロワー〇〇万人」などといった人気を裏付ける数字があれば、出版社にしても売り上げの予想がつくので刊行しやすいのだろう。

このやり方を目指すなら、WEB媒体と紙の本の相違点に気を配る必要がある。WEBの横書きで大量の改行をする表現方法は、必ずしも紙の本と親和性が高いわけではないので、書き換えるにしても、縦書きの構成や文体を学んでおかなければならない。また、テーマに関しても、WEB媒体と紙の本では売れる内容がやや異なる。WEBで作品を発表して出版にこぎつけたいと考えている人は、そうした違いも考慮した上で、企画や執筆法を考えるべきだろう。

新人賞はドラフト1位

最後は3の「新人賞」だ。私は何よりもこちらを勧める。主流のノンフィクションの純粋な新人賞は、集英社が主催する「開高健ノンフィクション賞」と、小学館が主催する「小学館ノンフィクション大賞」の二つだ。どちらも年に1回の公募であり、受賞すれば副賞の賞金と共に作品の出版が約束される。

新人賞を獲るのは難しいと思うかもしれない。だが、現実的に考えれば、新人賞で最終選考に残るくらいの作品を書けなければ、そこから2作目、3作目、4作目と出して生活していくのは難しい。

賞が獲れるかどうかは運もあるにせよ、最終選考に残って編集者が面白いと認めれば、書き直した上で出版にいたることも少なくない。実際に私のカルチャーセンターの講座の受講生も数人、そうやってデビューした人がいるので、ぜひトライしてほしい。

ところで、どうして新人賞をここまで勧めるのか。次のようなメリットがあるからだ。

・賞という冠をつけて発売されるので、無名の新人の本でも売れやすい。
・出版社側が責任を持って広告、営業してくれる（普通の出版の比ではない）。
・出版社側が受賞者を育てようとする。

私は出版してもらうことより、出版された後のメリットが大きいと思っている。

無名の新人が新人賞なしで出版した場合で考えてみよう。本が刊行されると、二つの面から成功か失敗かをジャッジされる。一つ目が、数カ月以内に何度か重版をして売り上げを出せたかどうか。二つ目が、本が大きな賞にノミネートされたり書評が出たりして、社会的評価を受けたかどうかだ。

このどちらにも引っかからなければ、出版したこと自体が「失敗」と見なされ、業界でその評価が共有されてしまう（売り上げのデータは他社も確認できる）。

こうした査定は、本を書く限りずっとついて回ることだ。物書きとして一定の地位を確立するには、社会的評価がしっかりと固まるまで、安打を重ねていかなければならない。途中でヒットが出なくなれば、「戦力外通告」を言い渡される。

私の場合で言えば、独力で『物乞う仏陀』を書き、ある人の持ち込みでデビュー作が世に出ることになったので、新人賞を獲って華々しくデビューしたわけではなかった（詳細は『世界の美しさをひとつでも多く見つけたい』を参照）。

運良く、1作目が版を重ね、大きな賞の候補にもなったので、他社から2作目を出さないかと声がかかった。そして、2作目、3作目、4作目と本を出す度にすべて版を重ねて書きつづけることができたものの、その間も「次の本が売れなかったら捨てられる」という恐怖心は10作以上出すまで悪夢のように付きまとっていた。

このプレッシャーはすさまじく、本の刊行後は激しい胃痛、下痢、不眠に悩まされ、取材や執筆よりはるかにつらいと感じたほどだ。じっとしているのも不安なので、1人で書店を回って営業活動を行うのだが、本棚に自著が売れ残っているのを見て逆に絶望的な気持ちになる。増刷の知らせが3回くらい届いて、九死に一生を得た気持ちになるまで気が気でなかった。

むろん、そのように不安に駆られている間も、執筆の機会を一つでもつかまなければならない。新人賞の冠がなければ、エッセイや書評のような仕事を得るのも簡単ではないので、たまたまエッセイの依頼が1本舞い込んできたら、24時間以内に3～5本の原稿を書いて「一番良いのを使ってください」と自分を売り込んだ。それが評価されて連載の話をもらえば、今度は連載の開始前に原稿をすべて完成させて提出して新しい企画を持ちかけた。それくらいやらなければ、新人賞の冠のない人間が這い上がっていくのは難しい。

正直、この恐怖と不安が少し和らいだのは、11作目の『遺体』の成功で、出版社以外の業界からも高い評価をもらってからだ。それでも、ある出版社で出した本が売れなければ、それから数年はそこで仕事ができなくなるのは今でも同じだ。

話を元にもどせば、賞を獲ってデビューするメリットは、このようなプレッシャーが緩和される点だ。

受賞すれば、その出版社の社員たちが自社から出した「〇〇賞作家」として大切にしてくれ、2作目、3作目までは期待して待ってくれる。担当編集者がついて、必要ならば取材費と共に連載媒体も用意してくれる。書店の人たちも「受賞後第一作」を心待ちにする。

この特権が永遠に継続するわけではないにせよ、**書き手としてのスタートは、プロ野球においてドラフト1位で入団した選手と、トレードで入団した2軍選手くらい違う。**前者は芽が出なくても5年くらいは大切に育ててくれるが、後者は1年でクビを言い渡される。

こうした温室のような環境が良いかどうかは人によるだろう。私は厳しい条件にさらされていたから、がむしゃらにやって実力以上の力を発揮できたと思っているが、それは後付け理論でしかない。実際には数多の屍《しかばね》が累々とつみ重なっている。

そもそも、ノンフィクションは毎回優れたテーマに出会えるわけでもないし、作品にかかる労力は非常に大きい。そのことを踏まえれば、私は〝親心〟から、できることなら新人賞を受賞して世に出てほしいと思う。

現実に与える影響の責任を負う

そろそろ本書をまとめる時が近づいてきた。ここまでノンフィクションの取材や執筆の方法論を伝えてきたが、テクニック以外のことで一つだけ書き残したことがあるので、最後に記しておきたい。

これから書き手として世に出ようという人たちは、先人たちがつみ上げてきた文章テクニックを少しでも多く吸収し、自らの方法論に落とし込み、新しい表現を作り上げていくことになるだろう。これは、書き手にとっての一生涯の武器となる。

私は優れた作品を書き上げるには、武器としてのテクニックに加えて、もう一つ欠かせない決定的な要素があると思っている。それは、〝作品が現実に与える影響に対する責任〟である。

どんな本を書くにせよ、題材となる事象には大勢の人たちがかかわっており、完成した作品は、当事者や社会に何かしらの影響を及ぼす。**書き手がその責任をどれだけ重く受け止め、取材や執筆の際に意識的になるかによって、同じ武器を持っていても、生み出される作品はまるで違うものになる。**

たとえば、高いプログラミング技術を身につけたプログラマーが、漠然と金儲けできればいいという考えで作るアプリと、わが子の人生に生涯役立つようにという考えで作るアプリとでは、まったく異なるものができるだろう。ノンフィクションもそれと同じなのである。

　この点において、書き手は何を意識しなければならないのか。梯久美子さんは、次のような言葉でそれを表している。


〈書くことの暴力性〉


　梯さんが初めてこれを感じたのは、デビュー作『散るぞ悲しき』の取材の時だったそうだ。慰霊巡拝旅行に同行する形で大勢の遺族と共に硫黄島へ行き、今も犠牲者の約半数に上る1万人以上の遺骨が埋まったままの褐色の大地を歩いた際に、戦死者たちの無数の視線を感じ、それを「重荷」として一生背負っていく覚悟を決めたという（『星をつなぐために』）。

　この心情は痛いほどわかる。硫黄島の玉砕を描いた本が世に出れば、読者はそれが硫黄島で起きた事実だったと受け止めるだろう。著者がいくら現実の一側面を書いただけだと思っていても、作品が否応なしに歴史や現実を定義してしまうことがあるのだ。

　梯さんが「暴力性」と呼んだのは、この部分にちがいない。もし梯さんの本の中身が、現実の戦争の残酷さを写し取れていなかったり、兵士の思いを伝えきれていなかったりすれば、世間に誤った認識が広がり、硫黄島での玉砕という重い歴史を異なるものにしてしまいかねない。それは約2万1900人の戦死者、そして数十万人に上る遺族や関係者の人生を冒瀆することに等しい。

彼女が感じた「戦死者たちの無数の視線」とは、こうしたことに対する責任なのだろう。この取材で十分なのか、これで戦死者の思いを描けているのか、これが遺族に何をもたらすのか……。取材している間、執筆している間、戦死者たちから常にそう問われている感覚に陥る。

それゆえ書き手はその言葉に耳を向け、やれるだけのことはやったと思えるまで取材を尽くし、執筆しなければならない。その点は、新人も、ベテランも等しく同じだ。書き手は、こうした責任を背負って作品を作り上げることしかできないのだ。

これは歴史を扱ったノンフィクションだけに当てはまることではない。同時代に生きている人たちを描く作品においてもまったく同じことがいえる。

私自身、『遺体』を書いている間は、東日本大震災の犠牲者や遺族の視線を、『こどもホスピスの奇跡』を書いている間は、難病で亡くなった子どもや家族の視線を恐ろしいほどに感じていた。寝ても覚めても、それらから離れることができず、毎晩のように夢にも出てきた。その都度、私は自問自答した。

——果たして今やっていることは彼らの思いに応えられているのか。

その問いには、自分なりの誠意で応えるしかなかった。誠意のみが道しるべだった。

ただ、作品が完成しても、自分がやったことが正解だったかどうかはわからない。そもそも正解などないのだ。だから、本を出した後も同じような悩みを抱きつづけることになる。

それでも、社会で起きた重大な出来事に目を留め、責任を背負って取材をし、丹精込めて活字にして世に出すことには、大きな意味があると信じている。

梯さんは次のようにも語っている。

「文章を書くことは、流れている小川の水を容器に掬い取るようなことだと思うんです。そこにはさっきまで小川だったものが確かにあるけれど、もう流れることのないものとして、固定されてしまう」（同書）

たしかに、現実は様々に変化する小川の水のようなものだ。ノンフィクションは、それを言葉によって固定させる作業である。

ただし、誰かが容器に掬い取らなければ、決して誰の目にも映らなかったであろう社会の課題、人間の営み、世の不条理は存在する。そのような**本来はなかったことにされてしまうものに目を向け、強い覚悟を持ってテキストにして世に示す**――それがノンフィクションを書くという仕事なのだ。


読者は作品を通して、書き手が差し出した水を得ることになるだろう。それによって心が潤えば、読者だけでなく、社会にとっても有意義な力となる。

プロの作家なら、誰もが一度は読者からこう言われたことがあるはずだ。

「この本に出会ったお陰で、私は救われました」

あるいは、こういう言葉である。

「この本のお陰で、問題に目を見開かされました」

作品がどのように役に立ったのか、どんな影響を与えたのかはそれぞれだが、読者がこう感じた時点で、筆者が掬い取った水が決定的な意味を持ったことは確かなのだ。そこから読者の人生、社会のあり方が変わっていくのならば、ノンフィクションを書くとはいかに尊い仕事だろうか——。

あなたは、これから一人の書き手として羽ばたいていく、崖の上のひな鳥のような存在だ。一冊の本を書き上げるのは、崖から飛び降りるくらいの勇気が必要だろうし、そこから先には数多の苦しみ、痛み、挫折があるだろう。だが、それを乗り越えた時、あなたは大空を羽ばたいて、まったく新しい世界を目にすることができるはずだ。

この本は、そんな大きな旅の第一歩なのである。

あとがき

書くという仕事のテクニカルなことから責任まで、あますところなく詳述してきた。

この本は、これを押さえれば絶対成功するという類の実用書ではない。私だけでなく、大勢の一流の作家が血のにじむような努力の末に作り上げてきた方法論を紹介しながら、社会課題をどういう観点から斬ればいいのか、人から本音を引き出すには何をすべきなのか、言葉にできない感情をいかに言語化するか、読者の心を震わせる表現とはどんなものなのかといった本質的なことをまとめたものである。

テクニックには、書き手や作品によって相性のいいものとそうでないものとがある。そういう意味では、この本を多角的に読み込んで、自分なりに血肉化し、作品に合った形で使っていただければ嬉しい。

読者の中からどれだけ大勢の書き手が世に出るだろうか。カルチャーセンターでは年に数人がデビューしているので（これまでに紹介した作家も一人含まれている）、本書を手に取ってくださった方々の中からも、一人でも多くの人がプロとして羽ばたいていってほしいと願っている。

ノンフィクションの未来を担う人にとって第1作となる作品は、きっとそれまでの自分の知識と経験と才能をすべて注ぎ込んだものになるはずだ。これを書いたら死んでもいいとさえ思って書き上げられた作品でなければ、社会の常識を揺さぶり、読者の人生を一変させるほどの力を持ちえない。

私もデビュー作を書いた当時はそうだった。就職もせず、全財産を費やし、自分の持っているものすべてを振り絞って書いた作品——。執筆の間は「万一これが本にならなかったら、取材に応じてくれた人の人生が誰にも知られずに埋もれてしまう」という恐怖で押しつぶされそうだった。

幸い、なんとか本になって世に出たが、今度はそのデビュー作が自分の超えるべき最低限のハードルになった。次に作品を書こうとするなら、デビュー作を超えたものでなければならない。それに気づいた時、目の前が闇に閉ざされ、本当に自分はこの世界でやっていけるのかと愕然としたものだ。

それでも、書き手として生きることを選んだ以上、やりつづけるしかなかった。どんなに困難であっても、2作目、3作目、4作目と書いて前に進むしかない。歩みを止めてしまえば、退場するしかないのだ。それは、ノンフィクションの世界でプロの書き手として生き抜いてきた人たちなら誰もがたどってきた道といえる。

そうやって成り立つ厳しい仕事であっても、一つひとつ作品を完成させていく先には、本人が予想もしていなかった光景が広がるものだ。

50作くらい作品を出した頃だろうか。ある日、長らく一緒に仕事をしてきた編集者からこう言われた。

「石井さんの作品って、すべてが〈極限状態の中での人間賛歌〉みたいなテーマで山の稜線のようにつながっていますよね」

他を顧みることなく、その時々で自分がやらなければならないと思ったことを全力でやってきただけだったが、言われてみれば私の作品にはそういうテーマが一本通っているかもしれないと思った。

途上国の物乞い、イスラーム国の売春婦、遺体安置所を支える人々、戦後の闇市で生きた浮浪児、虐待家庭を生き抜こうとする子どもたち、ホスピスで短い人生を生きる難病の子……。

編集者の言葉を借りれば、たしかにそれらの作品は一つのテーマで結びついて山脈のように連なっていたのだ。

これは他の作家もみな同じではないだろうか。最初から本人が意識していたかどうかはわからないが、ふり返れば、立花隆さんは「科学の限界」というテーマを追いかけていたし、佐野眞一さんは「昭和が生み出した怪物」というテーマを追いかけていた。森達也さんなら「メディアとは何か」、安田浩一さんであれば「虐げる、虐げられるとは何か」だろう。私と同世代であれば、稲泉連さんは「働くということ」、角幡唯介さんは「人間にとっての生と死の境界」といったテーマを描きつづけてきたように思う。

書き手にとって作品は一つひとつまったく違うものだ。だが、後になって見てみると、それらが一つの大きなテーマでつながって美しい群峰のようにそびえる光景を見ることができる。その峰がどれだけ高いのか、美しいのか、凛々しいのか、これは書き手がどういう姿勢で作品を作り上げてきたかによる。

これから本を書こうとするあなたは、まだ自分のそれを見ることが叶わないだろう。初めはみんなそうなのだ。麓に立っていれば山の稜線を展望することはできない。

だが、自分自身を信じ、先達の背中を追って、一歩ずつ起伏のある斜面を登っていってほしい。時に息が切れて下山したくなることもあるが、気がつけば、志を同じくする編集者が傍らに寄り添ってくれていたり、あなたの作品に引きつけられた読者が後押ししてくれたりするだろう。

あなたは一人でないことを知り、彼らに励まされ、自分が想像していた以上の力を発揮して険しい尾根を登っていくはずだ。そうやってあなたがたどってきた道は、いつかふり返った時に壮大な連峰として姿を現す。これからはじめようとするのは、そんな唯一無二の冒険なのだ。

作家個々人でもそうだが、私はノンフィクション全体で一つの巨大な美しい山なみができ上がることを願っている。多くの書き手が優れた作品を世に出していけば、それらが重なり合い、混ざり合い、荘厳なヒマラヤ山脈のような知の集合体になる。それはノンフィクションを好む人にとって、ノンフィクションを必要とする社会にとって、何にも代えがたい豊かな文化となるはずだ。

そして、あなたがこれから書く作品が、その偉大な知の山脈の一つとして連なってくれたらと心から願う。そんな私の思いを最後に記して、本書の締めくくりとしたい。

石井光太

参考文献

本書で紹介した作品を類別し「お勧めノンフィクションリスト」として記す

［王道の古典的名著］
石川文洋『戦場カメラマン』（朝日文庫、一九八六）
石牟礼道子『新装版　苦海浄土』（講談社文庫、二〇〇四）
開高健『ベトナム戦記　新装版』（朝日文庫、二〇二一）
沢木耕太郎『テロルの決算』（文春文庫、二〇〇八）
髙山文彦『火花　北条民雄の生涯』（角川文庫、二〇〇三）
立花隆『臨死体験』（文春文庫、二〇〇〇）
立花隆『サル学の現在』（文春文庫、一九九六）
トルーマン・カポーティ『冷血』（佐々田雅子訳、新潮文庫、二〇〇六）
半藤一利『日本のいちばん長い日　決定版』（文春文庫、二〇〇六）
辺見じゅん『収容所から来た遺書』（文春文庫、一九九二）
宮本常一『忘れられた日本人』（岩波文庫、一九八四）

［社会を斬るジャーナリズム］
伊澤理江『黒い海　船は突然、深海へ消えた』（講談社、二〇二二）
石井妙子『女帝 小池百合子』（文春文庫、二〇二三）

奥野修司『心にナイフをしのばせて』(文春文庫、二〇〇九)
佐野眞一『東電OL殺人事件』(新潮文庫、二〇〇三)
沢木耕太郎『馬車は走る』(文春文庫、一九八九)
清水潔『殺人犯はそこにいる』(新潮文庫、二〇一六)
福田ますみ『でっちあげ　福岡「殺人教師」事件の真相』(新潮文庫、二〇一〇)
安田浩一『ネットと愛国』(講談社+α文庫、二〇一五)
柳田邦男『空白の天気図』(文春文庫、二〇一一)
吉岡忍『墜落の夏　日航123便事故全記録』(新潮文庫、一九八九)

[タブーの深淵へ踏み込む]

国分拓『ヤノマミ』(新潮文庫、二〇一三)
鈴木大介『最貧困女子』(幻冬舎新書、二〇一四)
鈴木大介『家のない少女たち』(宝島SUGOI文庫、二〇一〇)
永沢光雄『AV女優』(文春文庫、一九九九)
濱野ちひろ『聖なるズー』(集英社文庫、二〇二一)
水谷竹秀『日本を捨てた男たち　フィリピンに生きる「困窮邦人」』(集英社文庫、二〇一三)
溝口敦『喰うか喰われるか　私の山口組体験』(講談社文庫、二〇二三)
横田増生『ユニクロ潜入一年』(文春文庫、二〇二〇)
横田増生『潜入ルポ　アマゾン帝国の闇』(小学館新書、二〇二二)

［圧倒的な主人公を造形する］
稲泉連『豊田章男が愛したテストドライバー』（小学館文庫、二〇二一）
大崎善生『聖の青春』（角川文庫、二〇一五）
大西康之『起業の天才！　江副浩正　8兆円企業リクルートをつくった男』（東洋経済新報社、二〇二一）
春日太一『天才 勝新太郎』（文春新書、二〇一〇）
春日太一『鬼の筆　戦後最大の脚本家・橋本忍の栄光と挫折』（文藝春秋、二〇二三）
佐野眞一『カリスマ　中内㓛とダイエーの「戦後」』（日経BP社、一九九八）
沢木耕太郎『流星ひとつ』（新潮文庫、二〇一六）
沢木耕太郎『一瞬の夏』（新潮社、一九九四）
鈴木忠平『嫌われた監督　落合博満は中日をどう変えたのか』（文藝春秋、二〇二一）
増田俊也『木村政彦はなぜ力道山を殺さなかったのか』（新潮文庫、二〇一四）
森健『小倉昌男　祈りと経営』（小学館文庫、二〇一九）
マーク・ボウデン『パブロを殺せ　史上最悪の麻薬王vsコロンビア、アメリカ特殊部隊』（伏見威蕃訳、早川書房、二〇〇二）

［歴史を新たな角度から検証する］
小熊英二・姜尚中編『在日一世の記憶』（集英社新書、二〇〇八）
梯久美子『散るぞ悲しき　硫黄島総指揮官・栗林忠道』（新潮文庫、二〇〇八）
梯久美子『狂うひと　「死の棘」の妻・島尾ミホ』（新潮文庫、二〇一九）

門田隆将『死の淵を見た男　吉田昌郎と福島第一原発』(角川文庫、二〇一六)
清武英利『しんがり』(講談社文庫、二〇一九)
佐野眞一『あんぽん』(小学館文庫、二〇一四)
中村計『甲子園が割れた日　松井秀喜5連続敬遠の真実』(集英社文庫、二〇二一)
堀川惠子『死刑の基準　「永山裁判」が遺したもの』(講談社文庫、二〇一六)
吉村昭『戦艦武蔵』(新潮文庫、一九七一)
吉村昭『零式戦闘機』(新潮文庫、一九七八)

［世界を横断する視座で書く］

内澤旬子『世界屠畜紀行』(角川文庫、二〇一一)
角幡唯介『雪男は向こうからやって来た』(集英社文庫、二〇一三)
開高健『オーパ!』(集英社文庫、一九八一)
沢木耕太郎『深夜特急1　香港・マカオ』(新潮文庫、二〇二〇)
高木徹『ドキュメント　戦争広告代理店』(講談社文庫、二〇〇五)
高野秀行『謎の独立国家ソマリランド　そして海賊国家プントランドと戦国南部ソマリア』(集英社文庫、二〇一七)
立花隆『宇宙からの帰還』(中公文庫、一九八五)
藤原新也『全東洋街道』(集英社文庫、一九八二)
ブレイディみかこ『ぼくはイエローでホワイトで、ちょっとブルー』(新潮文庫、二〇二一)
辺見庸『もの食う人びと』(角川文庫、一九九七)

前野ウルド浩太郎『バッタを倒しにアフリカへ』（光文社新書、二〇一七）
マーク・ボウデン『ブラックホーク・ダウン』（伏見威蕃訳、ハヤカワ文庫、二〇〇二）
ローワン・ジェイコブセン『ハチはなぜ大量死したのか』（中里京子訳、文春文庫、二〇一一）

［社会の裏に光を当てる］
奥野修司『魂でもいいから、そばにいて　3・11後の霊体験を聞く』（新潮文庫、二〇二〇）
奥野修司『ねじれた絆　赤ちゃん取り違え事件の十七年』（文春文庫、二〇〇二）
後藤正治『リターンマッチ』（文春文庫、二〇〇一）
最相葉月『絶対音感』（新潮文庫、二〇〇六）
佐々涼子『エンジェルフライト　国際霊柩送還士』（集英社文庫、二〇一四）
ジュディ・ダットン『理系の子　高校生科学オリンピックの青春』（横山啓明訳、文春文庫、二〇一四）
堀川惠子『教誨師』（講談社文庫、二〇一八）
森合正範『怪物に出会った日　井上尚弥と闘うということ』（講談社、二〇二三）
森達也『死刑』（角川文庫、二〇一三）
森達也『A3』（集英社文庫、二〇一二）
柳澤健『1985年のクラッシュ・ギャルズ』（文春文庫、二〇一四）
山本譲司『累犯障害者』（新潮文庫、二〇〇九）
渡辺一史『こんな夜更けにバナナかよ　筋ジス・鹿野靖明とボランティアたち』（文春文庫、二〇一三）

［「私」から新たな世界を見る］

著者略歴

石井光太（いしい・こうた）

1977年東京生まれ。作家。国内外の貧困、災害、事件などをテーマに取材・執筆活動をおこなう。著書に『物乞う仏陀』『神の棄てた裸体イスラームの夜を歩く』『絶対貧困世界リアル貧困学講義』『遺体 震災、津波の果てに』『「鬼畜」の家わが子を殺す親たち』『浮浪児1945- 戦争が生んだ子供たち』『43回の殺意 川崎中1男子生徒殺害事件の深層』『本当の貧困の話をしよう 未来を変える方程式』『格差と分断の社会地図 16歳からの〈日本のリアル〉』『ルポ 誰が国語力を殺すのか』『ルポ スマホ育児が子どもを壊す』など多数。2021年『こどもホスピスの奇跡 短い人生の「最期」をつくる』で新潮ドキュメント賞を受賞。

本《ほん》を書《か》く技術《ぎじゅつ》
取材《しゅざい》・構成《こうせい》・表現《ひょうげん》

二〇二四年十月三十日 第一刷発行

著者 石井《いしい》光太《こうた》
発行者 小田慶郎
発行所 株式会社 文藝春秋
東京都千代田区紀尾井町三―二三
郵便番号 102-8008
電話（〇三）三二六五―一二一一（大代表）

デザイン 水戸部 功
DTP 株式会社 ディグ
印刷所・製本所

ISBN978-4-16-391913-3 Printed in Japan

大野更紗『困ってるひと』（ポプラ文庫、二〇一二）
川内有緒『目の見えない白鳥さんとアートを見にいく』（集英社インターナショナル、二〇二一）
佐藤優『国家の罠　外務省のラスプーチンと呼ばれて』（新潮文庫、二〇〇七）
鈴木大介『脳が壊れた』（新潮新書、二〇一六）
鈴木大介『されど愛しきお妻様　「大人の発達障害」の妻と「脳が壊れた」僕の18年間』（講談社、二〇一八）
中村うさぎ『さびしいまる、くるしいまる。』（角川文庫、二〇〇六）
宮田珠己『旅の理不尽　アジア悶絶篇』（ちくま文庫、二〇一〇）
柳田邦男『わが息子・脳死の11日　犠牲』（文春文庫、一九九九）

［ノンフィクションの指南書］

沢木耕太郎『星をつなぐために』（岩波書店、二〇二〇）
立花隆『東大生と語り尽くした6時間　立花隆の最終講義』（文春新書、二〇二一）
立花隆『知の旅は終わらない　僕が3万冊を読み100冊を書いて考えてきたこと』（文春新書、二〇二〇）